토익 실전 연습

Week **21**

Contents		Page	Date	Check
Day 01	Part 1, 2 실전 연습	02	월 일	☐
Day 02	Part 3, 4 실전 연습	06	월 일	☐
Day 03	Part 5, 6 실전 연습	10	월 일	☐
Day 04	Part 5, 6 실전 연습	18	월 일	☐
Day 05	Part 7 실전 연습	26	월 일	☐

▲ LC Orientation   ▲ RC Orientation

Part 1

QR코드 하나를
가리고 찍으면 편해요!

▲ MP3 바로듣기   ▲ 강의 바로보기

1.

2.

3.

4.

5.

6.

Part 2

7. Mark your answer.   (A) (B) (C)

8. Mark your answer.   (A) (B) (C)

9. Mark your answer.   (A) (B) (C)

10. Mark your answer.   (A) (B) (C)

11. Mark your answer.   (A) (B) (C)

12. Mark your answer.   (A) (B) (C)

13. Mark your answer.   (A) (B) (C)

14. Mark your answer.   (A) (B) (C)

15. Mark your answer.   (A) (B) (C)

16. Mark your answer.   (A) (B) (C)

17. Mark your answer.   (A) (B) (C)

18. Mark your answer.   (A) (B) (C)

19. Mark your answer.   (A) (B) (C)

20. Mark your answer.   (A) (B) (C)

21. Mark your answer.   (A) (B) (C)

22. Mark your answer.   (A) (B) (C)

23. Mark your answer.   (A) (B) (C)

24. Mark your answer.   (A) (B) (C)

25. Mark your answer.   (A) (B) (C)

26. Mark your answer.   (A) (B) (C)

700+
기출 Point

1. 고득점 위치 관계 표현 [Part 1]

- along a railing 난간을 따라
- alongside a road 도로를 따라, 도로 옆에
- next to each other / side by side 나란히
- on top of ~의 위에
- in the corner of ~의 구석에
- against a wall 벽에 기대어
- beneath a tree 나무 바로 아래에
- in a row 한 줄로 cf. in rows 여러 줄로

- under an archway 아치형 통로[입구] 아래
- on top of each other 차곡차곡
- in a circle 둥글게, 원 모양으로
- at the water's edge 물가에
- on the opposite side 맞은편에
- across a walkway 보도를 가로질러
- at the side of the road 도로 한 쪽에
- both sides of a street 길 양쪽에

2. '입다, 착용하다' 관련 중요 기출 표현 [Part 1]

putting on socks
양말을 신는 중이다

taking off a jacket
재킷을 벗는 중이다

removing eyeglasses
안경을 벗는 중이다

tying her shoelaces
신발 끈을 묶는 중이다

buttoning up his shirt
셔츠 단추를 채우는 중이다

trying on headphones
헤드폰을 착용해보고 있다

3. 고난도 어휘/표현 [Part 2]

질문에 나온 중요 어휘나 표현을 알아듣지 못했을 땐 정답을 고르지 못하거나 오답 함정에 빠질 확률이 매우 크기 때문에, 모르는 어휘나 표현이 나올 때마다 정리한 후 모두 암기하는 것이 좋습니다.

· authorize 승인하다	· reference 추천서, 추천인
· attendance 출석률, 참석률	· be due + 일시 ~까지가 기한이다
· faulty 결함 있는	· call a meeting 회의를 소집하다
· head v. ~을 이끌다	· care to do ~하고 싶다
· name v. ~을 지명하다, 임명하다	· place an order 주문을 하다
· quote 견적	· fill an order 주문대로 물건을 대다
· break n. 휴식 시간	· get A B: A에게 B를 얻어 주다
· opening 빈자리, 공석	· out of fuel 연료가 다 떨어진
· restore 복원하다	· take inventory 재고를 파악하다
· tenant 임차인	· work one's shift 근무를 서다
· vacate (건물 등을 다른 사람이 사용할 수 있도록) 비우다	· business hour 영업 시간
· vendor 판매자	· receive a good review 좋은 평을 받다, 후기가 좋다

· I'm on my **break**. 　　　　　　　　　　저는 쉬는 중이에요.

· The **attendance** at last week's workshop was low. 　　지난주 워크숍의 출석률이 저조했어요.

· When is the rent **due**? 　　　　　　　　임대료는 언제까지 내야 하죠?

· Who is **heading** the committee? 　　　　누가 위원회를 이끌고 있나요?

· Why has the manager **called this staff meeting**? 　　왜 부장님이 직원 회의를 소집하셨나요?

· Does Dr. Smith have any **openings** in the afternoon? 　　스미스 박사님이 오후에 진료 가능하신 시간대가 있나요?

· When will the current **tenants vacate** the apartment? 　　현재 임차인들은 아파트를 언제 비울 겁니까?

· Has the new marketing director **been named** yet? 　　신임 마케팅 이사가 지명되었습니까?

· Who should I call for a **quote** on auto repair? 　　자동차 수리 견적을 얻으려면 누구에게 전화해야 하나요?

· Can you **get us an earlier flight**? 　　저희에게 더 이른 항공편을 구해주실 수 있나요?

· Please include two **references** with your application. 　　지원서에 두 명의 추천인을 넣어주세요.

· How about shortening our **business hours**? 　　영업 시간을 단축하는 게 어때요?

· I'd like you to **fill this order** by tomorrow. 　　내일까지 이 주문 건을 처리해주세요.

Part 3

▲ MP3 바로듣기

▲ 강의 바로보기

1. What does the man want to do?

(A) Hire new staff
(B) Organize a trip
(C) Hold some seminars
(D) Survey some customers

2. What will happen in April?

(A) An employee will be promoted.
(B) A company office will be moved.
(C) A store will be opened.
(D) A new product will be launched.

3. What is the woman concerned about?

(A) A busy work schedule
(B) A delivery delay
(C) The cost of an item
(D) The attendance at an event

4. What does the woman want to reserve?

(A) A live performer
(B) A company vehicle
(C) A conference venue
(D) A dining room

5. What does the man offer to send to the woman?

(A) Discount vouchers
(B) Menu options
(C) Photographs
(D) A contract

6. What does the man say about the rooms on the third floor?

(A) They are more expensive.
(B) They seat fewer people.
(C) They do not have windows.
(D) They are currently unavailable.

7. What does one of the men say they are accustomed to?

(A) Long drives
(B) Messy workspaces
(C) Short notices
(D) Late responses

8. Why are the men visiting the factory?

(A) To deliver a machine
(B) To install some software
(C) To repair some equipment
(D) To inspect the building

9. What does one of the men warn the woman about?

(A) A work delay
(B) A high cost
(C) A poor service
(D) A contract term

Part 4

10. What does the speaker say will happen in August?

(A) A new airport terminal will be opened.
(B) An airline will launch a new route.
(C) A Web site will be improved.
(D) New employees will be recruited.

11. What benefit to customers does the speaker mention?

(A) Easier booking procedures
(B) Fewer delays
(C) Lower prices
(D) Reduced travel times

12. According to the speaker, who is pleased about the news?

(A) Government officials
(B) Board members
(C) Tourists
(D) Local business owners

---

13. Why is the announcement being made?

(A) To describe the supermarket's amenities
(B) To announce a closing time
(C) To explain why a service is unavailable
(D) To advertise a new branch

14. Why does the woman say, "Make sure you check them out"?

(A) She is reminding the listeners to use store coupons.
(B) She wants the listeners to visit a different business.
(C) She hopes the listeners will take advantage of a deal.
(D) She is advising the listeners to check their receipts.

15. According to the speaker, what will happen at the business next week?

(A) New products will be sold.
(B) A free delivery service will begin.
(C) Business hours will be extended.
(D) A special sale will begin.

Thursday	Friday	Saturday	Sunday
☂	⛅	☀	☁

16. What type of event is the speaker describing?

(A) A store's grand opening
(B) An arts and crafts fair
(C) A music festival
(D) A sports competition

17. According to the speaker, what can the listeners find on a Web site?

(A) An event schedule
(B) A registration form
(C) A list of food vendors
(D) A parking map

18. Look at the graphic. On which day is the event being held?

(A) Thursday
(B) Friday
(C) Saturday
(D) Sunday

700+
기출 Point

1. 리듬 타기 [Part 3,4]

다음은 Part 3, 4 문제를 풀 때 반드시 지켜야 하는 수칙입니다. 이를 지키지 않으면 영어 고수들조차 만점을 받기 어려우니, 반드시 연습해서 몸에 배도록 해두세요.

대화/담화 시작 전	1. 문제와 선택지를 읽는다. 시간이 부족하면 문제만이라도 꼭 읽는다. 2. 시각자료가 주어진 경우 시각자료를 빠르게 파악한다. 3. 의도파악 문제가 나오면 반드시 인용 문장을 읽고 해석해 둔다. 4. 문제의 순서와 정답 단서가 나오는 순서는 대부분 일치한다는 것을 염두에 둔다.
대화/담화 듣는 중	1. 미리 읽은 문제와 관련된 내용을 노려 듣는다. 2. 시선은 선택지에 둔다. 3. 정답이 나오면 문제지에 바로 체크한다. 4. 앞부분을 들을 때는 첫 번째 문제를, 중간 부분 들을 때 두 번째 문제를, 끝부분을 들을 땐 세 번째 문제를 본다. 5. 단서를 놓친 것 같은 생각이 들면 과감히 다음 문제로 시선을 옮긴다. 6. 놓친 문제는 맨 마지막에 해결한다.
대화/담화 끝	1. 대화가 끝나면 주저하지 말고 문제를 읽고 답을 체크한다. 문제를 읽어줄 때까지 기다릴 필요가 전혀 없다. 2. 3문항을 모두 풀었으면 빠르게 다음 세트의 문제와 선택지를 읽는다. 이때, 잘 모르는 문제가 있다면 찍고 넘어간다. 지나간 문제에 연연해서는 절대 안 된다.

2. 문제 미리 읽기_의문사에 동그라미 [Part 3,4]

Part 3의 모든 문제들은 의문사로 시작합니다. 문제를 보자마자 자동으로 의문사 부분에 동그라미 표시를 해 두면 반드시 들어야 하는 점을 빠르게 인식할 수 있어 유리합니다. 거의 모든 질문이 What으로 시작하기 때문에 What은 굳이 표시하지 않아도 되고, 「What + 명사」나 다른 의문사에 표시하는 것이 좋습니다.

· What will begin in fifteen minutes?	15분 후에 무엇이 시작되는가?
· What events are the speakers preparing for?	화자들은 무슨 행사를 준비하는가?
· Where are the speakers going?	화자들이 어디로 가는 중인가?
· How can employees get tickets?	직원들은 어떻게 티켓을 얻을 수 있는가?

3. 문제 미리 읽기_성별에 동그라미 [Part 3]

제안이나 요청 내용을 묻는 문제의 경우에는 누가 누구에게 하는 것인지를 파악하는 것이 매우 중요합니다. 특히, 대화를 나누면서 둘 다 제안을 하는 경우에, 그 중 한 사람의 제안이 정답이고 나머지 하나가 오답 선택지에 나오기 때문에 그 대상을 명확히 파악해야 합니다.

비용 절감을 위해 사무실 비품을 아껴 쓰는 게 좋겠어요.

그보다는 영업부 직원들이 출장을 줄이는 게 어떨까요?

[여자의 제안을 묻는 문제라면 → 비품 절약]이 정답, [남자의 제안을 묻는 문제라면 → 출장 줄이기]가 정답이 되겠죠. 이러한 이유로 누구의 제안/요청인지 반드시 미리 구분해 두어야 합니다.

· What does the woman offer the man?	여자는 남자에게 무엇을 제공하는가?
· What does the man ask the woman to do?	남자는 여자에게 무엇을 하라고 요청하는가?
· What does the woman suggest?	여자는 무엇을 제안하는가?
· What does the man recommend doing?	남자는 무엇을 하라고 권하는가?

4. 문제 미리 읽기_세부 사항 문제 키워드 확인하는 요령 [Part 3,4]

세부 사항 문제는 종류와 형태가 매우 다양해서 가능한 한 많은 문제들을 읽고 해석해 보는 연습이 필요합니다. 세부 사항 문제를 읽을 때 가장 중요한 것은 질문의 대상과 키워드를 재빨리 파악하는 것입니다.

· **What does the speaker apologize for?**
화자는 무엇에 대해 사과하는가?
.... 동사가 일반적인 경우(say, mention, do, be, want 등)는 크게 신경 쓰지 않아도 되지만 그 외의 경우는 반드시 체크하세요.

· **What is Thomas Brown celebrating?**
토마스 브라운 씨는 무엇을 축하하는가?
.... 문제에 고유명사가 등장하면 반드시 표시해두고, 이 고유명사가 언급되는 부분을 노려 듣습니다.

· **What does the speaker say has recently changed?**
화자는 최근에 뭐가 변경되었다고 말하는가?
.... 시제 관련 단서는 반드시 체크해 두어야 문제를 풀 수 있습니다. 특히 recently가 시험에 자주 나옵니다.

Part 5

▲ 강의 바로보기

1. A comprehensive ------- was conducted by the marketing department last week.

   (A) survey
   (B) surveys
   (C) surveyed
   (D) surveying

2. Josef was delighted to hear that his ------- will be on display at Metropolitan Art Gallery.

   (A) worked
   (B) to work
   (C) worker
   (D) work

3. In addition to ------- ability to communicate with others, Mr. Moore's skill at planning is also remarkable.

   (A) his
   (B) him
   (C) he
   (D) himself

4. Now that the grounds of the restaurant have been landscaped, most of our diners typically ------- to sit outside on the terrace.

   (A) choose
   (B) chose
   (C) will have chosen
   (D) chooses

5. Employees should find alternative places to have lunch while the workers ------- the cafeteria renovations.

   (A) complete
   (B) completing
   (C) to complete
   (D) are completed

6. Make sure that you give yourself a ------- amount of time to arrive at the airport during rush hour.

   (A) consideration
   (B) consider
   (C) considerable
   (D) considerably

7. The event planning team considered ------- locations for the company's annual banquet.

   (A) every
   (B) each
   (C) several
   (D) much

8. Our warehouse employees treat merchandise with the utmost care to avoid ------- any items.

   (A) damage
   (B) damaging
   (C) damaged
   (D) damages

9. Attendance at the festival was ------- high given that the event was not widely publicized.

(A) surprisingly
(B) surprised
(C) surprise
(D) surprising

10. Last year's recycling initiative was a great success, as ------- 80 percent of the company's annual waste was recycled.

(A) approximate
(B) approximating
(C) approximately
(D) approximation

11. Guests ------- are interested in the guided tour of the Empire State Building should meet in the lobby at 10 A.M.

(A) who
(B) which
(C) whose
(D) whom

12. ------- she has worked at WJE Engineering for over 20 years, the company has never offered Ms. Graves a leading role.

(A) Once
(B) Before
(C) Although
(D) Since

13. By implementing an employee incentive program, we can not only improve the atmosphere of the office ------- boost our productivity.

(A) so that
(B) both
(C) much
(D) but

14. Numerous classical musicians from all over the world will perform ------- the Fifth Annual Vancouver Music Festival.

(A) among
(B) between
(C) during
(D) while

15. Mr. Treadstone and the real estate agent will meet ------- 452 Jones Street to view the vacant building.

(A) along
(B) under
(C) on
(D) at

16. Palmer Web Innovation creates Web sites ------- clients in the IT field.

(A) for
(B) by
(C) from
(D) besides

Part 6

Questions 17-20 refer to the following e-mail.

Hello,

I am planning to take my employees on a trip to thank them for their hard work over the past year. A colleague of mine recommended Pine Valley Park as an ideal destination for a staff outing and team-building session, so I am considering making a booking with you. -------, I have some concerns about **17.** the suitability of your facilities.

First of all, there will be approximately 50 managers and employees in total, and I'm not sure whether you have enough cabins to ------- our group. Also, I'd like to make sure that you have a large meeting **18.** room that ------- a public address system and a screen for presentations and group activities. **19.**

I would be very grateful if you could provide more details about the cabins and meeting space, and also a full list of the available outdoor activities at Pine Valley Park. -------. Assuming that you can meet **20.** all of our needs, I will be happy to make a reservation immediately.

Kindest regards,

Colin Connell, JKX Publishing Group

---

17. (A) However
(B) Therefore
(C) Furthermore
(D) Similarly

18. (A) compromise
(B) mediate
(C) accommodate
(D) gather

19. (A) include
(B) includes
(C) to include
(D) included

20. (A) Several employees have inquired about hiking opportunities.
(B) Our workers particularly enjoyed your tours of the local area.
(C) As such, I would like to reserve at least twenty of your cabins.
(D) Thank you for applying the group discount to our booking.

Questions 21-24 refer to the following article.

Portland Daily News

PORTLAND (June 5) - According to a recent survey, the city council's plan to pedestrianize Harp Street in downtown Portland has been met with an overwhelmingly ------- response from local residents.
21.

Approximately eighty-five percent of survey respondents criticized the idea, noting that it was an important route for commuters who use personal vehicles. The road ------- to all vehicles in August in
22.
an effort to boost the attractiveness of the road as a shopping and dining area.

-------, Harp Street serves as an important commuter route for those who need to cross the city from
23.
east to west, or vice versa, and it also plays a significant role in the city's bus route network. -------.
24.

DAY 03

Part 5, 6 실전 연습

21. (A) contented
    (B) negative
    (C) favorable
    (D) faulty

23. (A) Gradually
    (B) Currently
    (C) Eventually
    (D) Fortunately

22. (A) will be closed
    (B) had been closed
    (C) was closed
    (D) is closed

24. (A) Portland residents are proud of the city's affordable public transportation.
    (B) The city council aims to widen the road to reduce traffic congestion.
    (C) For example, the route will be useful to those who work in other cities.
    (D) As such, many people will need to make alternative travel arrangements.

1. 사람명사 vs 사물명사

2. 명사

빈칸 앞뒤에 수 일치 단서가 없을 경우에는 동사를 해석하여 빈칸에 들어갈 알맞은 명사를 선택할 수 있습니다.
주로 사람명사와 사물명사가 제시되고, 둘 중 어느 명사가 동사의 의미와 더 잘 어울리는지를 해석하면 됩니다.

The final [performer / **performance**] will take place at the Gerard Hume Stadium.
마지막 공연이 제라드 흄 경기장에서 개최될 것이다.

2. 복수 수량 형용사

7. 형용사

복수 수량형용사 뒤에는 복수 가산명사가 와야 합니다.

several 여럿의	many 많은	a few 몇몇의	some 몇몇의	a lot of 많은
all 모든	most 대부분의	few 거의 없는	numerous 수많은	

Several investors are scheduled to visit our manufacturing facility.
여러 투자자들이 우리 제조 시설을 방문할 예정이다.

3. 동명사를 목적어로 가지는 동사

8. 동명사

아래 동사들 뒤에는 동명사가 목적어로 올 수 있습니다.

recommend 추천하다	consider 고려하다	avoid 피하다	enjoy 즐기다
finish 끝마치다	suggest 제안하다	mind 꺼리다	

Please **consider** **renewing** your subscription in order to download updates.
업데이트 사항을 다운로드하시려면 구독 갱신을 고려하시기 바랍니다.

4. 형용사를 수식하는 부사

9. 부사

부사는 형용사 앞에 위치해 형용사를 수식할 수 있습니다.

> Neilson's Store carries a **surprisingly large** number of electronic devices.
> 닐슨 스토어는 놀라울 정도로 많은 전자기기를 취급한다.

5. 숫자 표현 앞에 쓰이는 부사

10. 부사

approximately, about 약, 대략	nearly, almost 거의	over ~가 넘는
only, just 단지, 그저	at least 최소한, 적어도	up to 최대 ~까지

> According to the list, **approximately 250 guests** will attend the event.
> 명단에 따르면, 대략 250명의 손님들이 행사에 참석할 것이다.

6. 양보/대조 부사절 접속사

12. 부사절 접속사

주어와 동사가 포함된 완전한 절을 이끌며 부사의 역할을 하는 접속사입니다. 각 부사절 접속사의 의미를 암기해 두어야 합니다.

양보	although/though/even though 비록 ~이지만, ~임에도 불구하고
	however 아무리 ~하더라도
대조	while ~하는 반면, ~이지만 whereas ~하는 반면

7. 상관접속사

13. 상관접속사

상관접속사는 특정 의미를 가진 부사와 등위접속사를 연결한 구조를 가집니다. 한쪽 단어를 제시하고 나머지 짝을 이루는 단어를 고르도록 출제됩니다.

both A and B A와 B 둘 모두	either A or B A 또는 B 둘 중의 하나
not A but B A가 아니라 B	neither A nor B A와 B 둘 모두 아닌
not only A but (also) B A뿐만 아니라 B도	A as well as B B뿐만 아니라 A도

> The new accounting software will **not only** be faster **but** very simple to use.
> 새로운 회계 소프트웨어는 더 빠를 뿐만 아니라 사용하기에 매우 간편할 것입니다.

8. 장소/위치/이동 전치사

15. 전치사

near ~ 근처에	**along** (길 등) ~을 따라	**around** ~ 주위에	**for** ~을 향해
within ~ 내에	**throughout** ~ 전역에	**next to** ~ 옆에	**beside** ~ 옆에
across from ~ 맞은편에	**across** ~ 위로, 전체에	**behind** ~ 뒤에	**into** ~ 안으로
to[toward(s)] ~ 쪽으로	**out of** ~ 밖으로	**in front of** ~ 앞에	
from A to B A에서 B까지	**between A and B** A와 B 사이에		

9. 양보 접속부사

17. 접속부사

양보 접속부사는 앞의 문장에서 수긍 또는 긍정한 내용에 대해 예상과는 다른 반대되는 내용을 이끕니다. 상반되는 흐름으로는 「긍정 + 부정」이 일반적이지만, 「장점 + 단점」의 흐름도 종종 출제됩니다. 특히 접속부사 Unfortunately(아쉽게도, 안타깝게도)는 주로 상대의 제안이나 채용을 완곡하게 거절하는 내용의 지문에서 많이 출제됩니다.

However 하지만	**Even so** 그럴지라도	**Nevertheless** 그럼에도 불구하고
Nonetheless 그럼에도 불구하고	**Unfortunately** 아쉽게도	**With that said** 그건 그렇다 치고

Line 10 trains will run every 4-5 minutes during morning and evening rush hours and every 7-9 minutes at all other times. Travelers may transfer to other lines from Line 10 at no extra cost. **However**, a $1.35 fee will be charged when they transfer to a city bus.

 꿀팁

10호선 열차들은 아침과 저녁 혼잡 시간에 4~5분 간격으로 운행될 것이며, 그 외의 모든 시간대에는 7~9분마다 운행될 것입니다. 승객들은 추가 요금 없이 10호선에서 다른 노선으로 환승하실 수 있습니다. 하지만, 시내버스로 갈아탈 경우에는 1.35달러의 요금이 부과될 것입니다.

추가 요금을 내지 않아도 되는 것과 요금이 부과되는 것은 서로 상반된 의미 관계이므로 양보 접속부사 However가 정답이에요.

10. 관계대명사의 수 일치

19. 관계대명사

Part 6에서 관계대명사 문제는 주로 알맞은 격을 찾는 문제 또는 관계대명사절의 동사의 수 일치 유형으로 출제됩니다. 주격 관계대명사가 이끄는 절의 동사는 수식하는 명사에 맞춰 수를 일치시키고, 소유격 관계대명사가 이끄는 절의 동사는 소유격 관계대명사 뒤에 쓰이는 명사에 수를 일치시키면 됩니다.

Mr. Hanson is **a manager who listens** carefully to his team members.
핸슨 씨는 팀원들의 말을 주의 깊게 듣는 관리자이다.

Mr. Hanson is a manager **whose duties include** performance evaluation.
핸슨 씨는 직무에 업무 평가를 포함하고 있는 관리자이다.

11. 문맥파악: 날짜로 시제 단서 찾기

22. 문맥파악: 동사의 시제

Part 6 문맥파악 유형에서 지문에 제시된 날짜를 비교해서 동사의 시제 단서를 찾아야 하는 경우도 있습니다. 주로 편지, 이메일, 회람 등의 상단에 적힌 날짜와 지문에 제시되는 특정 날짜를 비교하여 알맞은 시제를 고르면 됩니다.

Date: December 17

I recently bought the Summer Meadow and Coconut Hibiscus scent candles from your Web site and the items **were delivered** promptly on December 15, as expected. When I first lit them, I was delighted with my purchase. The fragrances are certainly wonderful and the candles look extremely elegant in my bedroom.

날짜: 12월 17일

저는 최근 귀사의 웹사이트에서 써머 메도우와 코코넛 히비스커스 향이 나는 초들을 구매하였고, 그 제품들이 예상대로 12월 15일에 시간을 엄수하여 배송되었습니다. 처음 그것들에 불을 붙였을 때, 제 구매품에 만족했습니다. 향이 확실히 아주 좋았고 초들이 제 침실에서 매우 우아하게 보입니다.

 꿀팁

동사의 시제 문제에서 지문에 날짜가 여러 개 제시된 경우 지문의 특정 날짜와 상단의 작성 날짜를 비교하면 돼요. 빈칸이 속한 문장에 쓰여 있는 12월 15일(December 15)이 편지의 작성일인 12월 17일보다 과거 시점이므로 과거동사 were delivered가 정답이에요.

12. 현재시제와 어울리는 부사

23. 부사 어휘

아래 부사들은 다른 시제와도 사용되지만, 토익에서 주로 현재시제와 함께 사용되는 부사들입니다. 동사의 시제 문제에서 빈칸이 포함된 문장에 현재시제가 제시되어 있다면 아래 부사들 중 하나를 정답으로 고르면 됩니다.

---

frequently 자주	often 종종	occasionally 가끔	normally 보통
regularly 정기적으로	commonly 일반적으로	typically 일반적으로	usually 보통
generally 일반적으로	routinely 정기적으로		

Actors from the Simba Dramatics Group **frequently perform** at the Fairmount Theater.
심바 극단의 배우들은 페어마운트 극장에서 자주 공연한다.

Part 5

▲ 강의 바로보기

1. After two months of -------, Stafford Park has been reopened to the public.

(A) renovative
(B) renovate
(C) renovation
(D) renovated

2. We have received a number of ------- about the recent software upgrade.

(A) complaint
(B) complaints
(C) complain
(D) complains

3. If you are looking for Ms. Kite, you can find ------- in the accounting office.

(A) she
(B) hers
(C) her
(D) herself

4. Although Mr. Walsh has been interested in the house on Denham Street, he ------- hesitant to buy it.

(A) seems
(B) meets
(C) applies
(D) goes

5. Professor Adison Chopra is highly ------- by leading scientists in the field of genetic engineering.

(A) regard
(B) regarding
(C) regarded
(D) regards

6. Most customers find it ------- to browse our latest product brochure online before visiting our store.

(A) benefit
(B) beneficial
(C) beneficially
(D) benefits

7. The new device can be operated easily because it is ------- to existing ones.

(A) useful
(B) similar
(C) skilled
(D) willing

8. Blue Fabric Company produces ------- priced textiles such as cotton, silk, leather, and wool.

(A) reason
(B) reasoned
(C) reasonable
(D) reasonably

9. In order to sell more beverages, the supermarket manager will place them ------- near cash registers.

(A) strategy
(B) strategic
(C) strategically
(D) strategies

10. The value of our stock continually decreases in spite of ------- to improve the image of our headphones brand.

(A) issues
(B) efforts
(C) opinions
(D) responses

11. Ms. Johnson visited the factory yesterday to inspect the manufacturing machines ------- were installed last year.

(A) that
(B) what
(C) who
(D) there

12. Without a valid receipt, we cannot provide customers with a refund, ------- we can offer to exchange a returned product.

(A) or
(B) and
(C) but
(D) as

13. A complimentary mat and towel will be included ------- you sign up for one of our yoga courses.

(A) if
(B) with
(C) but
(D) either

14. MJD Foods International announced this morning ------- it will expand its popular range of frozen pizzas.

(A) what
(B) that
(C) because
(D) while

15. Payments for all Pacific Telecom services are normally due ------- the 20th of each month.

(A) in
(B) at
(C) on
(D) with

16. Starting next month, only those ------- a permit will be allowed to use the North Bay parking lot.

(A) toward
(B) for
(C) of
(D) with

Questions 17-20 refer to the following e-mail.

Dear Ms. Henderson,

-------. You ------- a basic salary of $63,000 per year, which can increase annually based on the
   17.   **18.**

outcome of your performance review. Your first day of employment here at BioKing Inc. has been

tentatively set for Monday, October 23. However, this may be rearranged if you have any schedule

conflicts ------- you from starting on that date. Later this week, Peter Faraday, whom you met during
            19.

the interview, will send you an information pack which contains detailed information regarding -------
                                                                                              20.

role and responsibilities here at BioKing. Please review this prior to your first day, and contact me at

555-0139 if you have any queries.

Sincerely,

Barbara Staples, HR Director

BioKing Inc.

---

17. (A) We would be grateful if you would come in
    for an interview.
  (B) Unfortunately, we are not currently hiring
    new staff.
  (C) Congratulations on your recent promotion
    to management.
  (D) We are pleased to offer you a place at our
    firm.

18. (A) receiving
  (B) received
  (C) to receive
  (D) will receive

19. (A) opposing
  (B) recommending
  (C) preventing
  (D) finalizing

20. (A) you
  (B) your
  (C) his
  (D) their

Questions 21-24 refer to the following instructions.

Cosmic Dimensions - Rare Comic Book Seller

Buying Rare Comic Books

At Cosmic Dimensions, we keep all of our stock in perfect condition by ensuring it is stored and handled properly. Some of our older and rarer comic books are rather fragile and, as such, are susceptible to damage. -------, it is up to you to take care of any comic books you purchase by
21.
following some simple guidelines. All of our comic books come in a sealed plastic pouch, and they should ------- inside this at all times when not in use. Also, be gentle when reading the comic to avoid
22.
accidental tears or wrinkles. ------- may occur when pages are turned too quickly or gripped too firmly.
23.
------- . However, should you require information about repairs or restoration, please speak with one of
24.
our employees at 555-2828.

---

21. (A) Otherwise
(B) For instance
(C) Similarly
(D) Therefore

23. (A) Theirs
(B) Either
(C) These
(D) Every

22. (A) remain
(B) place
(C) look
(D) hold

24. (A) This advice will help you preserve the condition of your comics.
(B) We apologize that the items were not to your satisfaction.
(C) All products are shipped in special packaging within 2 business days.
(D) The comic book you inquired about is currently out of stock.

700+ 기출 Point

1. 복수 수량형용사 + 복수 가산명사

> 2. 명사

빈칸이 명사 자리일 때 빈칸 앞에 위치한 복수 수량형용사가 있다면 복수 가산명사를 선택하면 됩니다.

many 많은	several 몇몇의	all 모든, 전부의	a few 몇 가지의	a number of 많은

Many surveys have indicated that our new product is a great success.
많은 설문조사가 우리 신제품이 엄청난 성공작임을 보여주었다.

2. 형용사 보어를 가지는 2형식 자동사

> 4. 동사

아래 동사들은 뒤에 주어의 상태 또는 변화를 나타내는 형용사 보어를 필요로 합니다.

be ~이다	prove ~한 것으로 판명되다	seem ~처럼 보이다	remain 계속 ~한 상태이다
become ~이 되다	appear ~처럼 보이다	sound ~처럼 들리다	

The Dawson Bridge will **remain closed** until Saturday for urgent repairs.
도슨 다리는 긴급 수리를 위해 토요일까지 계속 폐쇄될 것이다.

3. 특정 전치사와 결합하는 형용사

> 7. 형용사

어떤 형용사들은 특정 대상을 설명할 때 특정 전치사와 결합하기도 합니다. 이때 아래 짝꿍들을 외워 두면 빈칸 뒤에 위치한 전치사만 보고도 쉽게 정답을 고를 수 있습니다.

be skilled at ~에 능숙하다	be appreciative of ~에 감사하다	be associated with ~와 관련되다
be similar to ~와 유사하다	be representative of ~을 대표하다	be considerate of ~을 배려하다
be relevant to ~와 관련되다	be distinct from ~와 다르다	be accustomed to ~에 익숙하다

The XV 500 vacuum cleaner **is** [**representative** / represented] **of** all our home appliances.
XV 500 진공청소기는 저희 모든 가전기기를 대표하고 있습니다.

4. 분사를 수식하는 부사

8. 부사

부사는 분사 앞에 위치해 분사를 수식할 수 있습니다.

> We can provide the items at **slightly** reduced prices.
> 저희는 약간 할인된 가격에 그 제품들을 제공해 드릴 수 있습니다.

5. 조건 부사절 접속사

13. 부사절 접속사

부사절 접속사 문제는 선택지가 접속사로만 구성된 경우 두 문장을 해석하여 의미 관계만 파악하면 되지만, 전치사나 부사가 포함되어 있는 경우에는 빈칸 뒤의 구조를 꼭 확인해야 합니다.

if ~한다면	**unless** ~가 아니라면	**as long as** ~하는 한	**as if** 마치 ~처럼
assuming (that) ~라면	**provided (that)** ~라면	**in the event that** ~하는 경우에	
even if 설사 ~라 하더라도			

> Please contact us by phone or by e-mail **if** you have any problem.
> 어떤 문제든 있으시면, 전화 또는 이메일로 저희에게 연락 주시기 바랍니다.

6. 명사절 접속사 that

14. 명사절 접속사

명사절 접속사는 주어와 동사가 포함된 하나의 절을 이끌며 명사와 같은 역할을 하는 접속사입니다. 토익에서 주로 타동사의 목적어 역할을 하며, that 뒤에는 확정된 내용이 옵니다. 명사절 접속사 that을 목적어로 취하는 토익 빈출 동사를 외워둔다면 문제풀이 시간을 아낄 수 있습니다.

believe 생각하다	**hear** 듣다	**announce** 발표하다
note 주목하다	**ask** 요청하다	**request** 요청하다
find 알게 되다	**indicate/show** 보여주다	**suggest** 제안하다, 암시하다

> Mr. Clarkson **announced** **that** the company will launch a new product next month.
> 클락슨 씨는 회사가 다음 달에 신제품을 출시할 것이라고 발표했다.

7. 수단/자격 전치사

16. 전치사

with ~로, ~을 갖고	by ~로, ~함으로써, ~을 타고	through ~을 통해
via ~을 통해	as ~로서	on behalf of ~을 대신해

The CEO agreed that we can improve productivity **by** hiring more employees.
대표이사는 우리가 더 많은 직원들을 채용함으로써 생산성을 향상시킬 수 있다는 데 동의했다.

8. 문장삽입 문제 풀이 방법

17. 문장삽입

문장삽입 유형에서 주목해야 할 것은 지문 내에서의 빈칸의 위치입니다. 빈칸의 위치에 따라 정답이 될 수 있는 문장의 내용이 달라집니다.

빈칸이 지문의 첫 문장일 경우	지문 전체의 주제 또는 목적을 나타내는 문장이 필요할 가능성이 높습니다. 따라서 이후에 이어지는 지문 내용과 관련된 인사말, 소개, 사과, 특정 정보의 알림 등의 내용을 담은 문장을 찾으면 됩니다.
빈칸이 지문 중반부에 있을 경우	빈칸 바로 앞뒤에 위치한 문장 또는 앞뒤에 이어지는 단락과의 논리 관계를 세심하게 파악해야 합니다.
빈칸이 지문의 마지막 문장일 경우	지문 전체 내용과 관련된 요약이나 마지막 인사를 나타내는 문장이 필요할 가능성이 높습니다. 따라서 빈칸에 앞서 지문 전체적으로 언급된 내용과 관련된 감사 또는 사과의 인사, 요청, 기대감 등을 담은 문장을 찾습니다.

9. 대명사 고르기

20. 문맥파악: 대명사

Part 6에서 출제되는 대명사 문제는 빈칸이 포함된 문장의 앞 문장을 확인해 가리키는 대상을 찾아야 합니다. 선택지에 she, he, it, they 등의 인칭대명사가 제시되면 앞 문장에서 그 지칭 대상을 찾아 수 일치를 확인합니다.

The Association of Professional Journalists is currently considering candidates for the Magnus Prize, an award given to journalists who have made contributions to reporting over the past year. If you have been impressed by a certain individual's work, you can vote on the APJ's Web site. Voters are advised to read the voting guidelines first. **They** can be found at www.apj.org/prize/information.

전문기자협회가 현재 지난 1년 동안 보도에 공헌을 한 기자들에게 주어지는 매그너스 상의 후보자들을 심사하고 있습니다. 만약 특정 개인의 글에 깊은 인상을 받으셨다면, APJ의 웹사이트에서 투표하실 수 있습니다. 투표자들은 투표 지침들을 먼저 읽어보시도록 권장됩니다. 그것들은 www.apj.org/prize/information에서 찾으실 수 있습니다.

 꿀팁

웹사이트에서 찾아볼 수 있는 대상은 바로 앞 문장에 언급된 '투표 지침들(the voting guidelines)'이에요. 복수명사로 쓰여 있으므로 복수명사를 대신할 수 있으면서 동사 앞의 주어 자리에 들어갈 수 있는 주격 인칭대명사 They가 정답입니다.

10. 인과 접속부사

21. 접속부사

두 개의 문장이 「원인 + 결과」 또는 「근거 + 결론」의 흐름일 때 결과 또는 결론을 나타내는 두 번째 문장의 시작 부분에 인과 접속부사를 사용합니다.

Therefore 그러므로	As a result 그 결과	For that/this reason 그 이유로
Accordingly 따라서	Thus 그래서	Consequently 결과적으로

My company is planning to have a year-end banquet to celebrate what has been a very successful year for us so far. Approximately 150 of our staff will attend. The Beverly Hotel has been recommended to me by a number of my colleagues. **Therefore**, I would like to check if you will be able to meet our requirements.

저희 회사는 지금까지 매우 성공적이었던 한 해를 기념하기 위해 송년회를 열 계획입니다. 약 150명의 직원들이 참석할 것입니다. 많은 동료들이 저에게 베벌리 호텔을 추천해 주었습니다. 그러므로, 귀하의 호텔이 저희의 요구 사항을 충족할 수 있을 지 확인하고 싶습니다.

 꿀팁

행사 장소로 많은 동료들이 추천해줬기 때문에 그 호텔에 대해 확인하는 것이므로 「원인 + 결과」의 인과 관계에 해당되는 흐름을 가지고 있어요. 따라서 인과 접속부사인 Therefore가 정답이에요.

11. 문장삽입: 지시어 활용하기

24. 문장삽입

문장삽입 유형에서 선택지에 제시된 the, this, it, his 등의 지시어를 통해 빈칸에 들어갈 알맞은 문장을 선택할 수도 있습니다.

The hospital's north parking lot will be inaccessible until February 11 for some repair work. During this time, hospital employees and visitors should park in the west lot. If you have any questions about this change, please let me know. **We hope that the work will not cause too much inconvenience**.

병원의 북쪽 주차장이 약간의 수리 작업을 위해 2월 11일까지 이용할 수 없을 것입니다. 이 기간 중에, 병원 직원들과 방문객들은 서쪽 주차장에 주차하셔야 합니다. 이 변동사항에 대해 어떤 질문이라도 있으시다면, 저에게 알려주세요. 저희는 이 작업이 너무 많은 불편을 초래하지 않기를 바랍니다.

 꿀팁

앞 문장에 쓰인 this change는 첫 문장에 언급된 some repair work로 인한 변동사항을 의미해요. 따라서 some repair work를 대신하는 the work와 함께 특정한 변동사항으로 인한 불편함과 관련해 일종의 사과의 의미를 나타내는 문장이 빈칸에 들어가야 합니다.

▲ 강의 바로보기

Part 7

Questions 1-3 refer to the following letter.

Dear Hiring Manager,

Please find my résumé attached for your review in regard to the sales executive position posted on Global Transit's Web site. I have extensive experience in direct consumer sales, and I am currently looking for a new career opportunity. I am particularly interested in your company as I have recently moved to an area where Global Transit conducts a great deal of business.

In my previous sales role, I increased sales revenues by expanding existing markets and making contacts in new markets. I received the Top Salesperson Award for four consecutive years, and also the Innovator Award for creating a highly successful sales manual.

Attached you will find my detailed job history with several letters of reference with contact information. Please consider me for the advertised position.

Sincerely,

Michael Wilson

1. What is the purpose of the letter?

(A) To announce a job opening
(B) To request more information
(C) To express interest in a job
(D) To honor an employee

3. What is enclosed with the letter?

(A) Recommendation letters
(B) A college transcript
(C) A list of clients
(D) A business card

2. What is true about Mr. Wilson?

(A) He works for Global Transit.
(B) He is an award recipient.
(C) He has advertising experience.
(D) He started a new company.

Questions 4-6 refer to the following memo.

To: All Maher Inc. employees
Subject: New ID Cards
Date: September 19

There has been a great deal of speculation concerning the new ID cards, so let me go on the record and tell you all about them. To begin with, as of October 1, all employees will be required to wear their ID cards everywhere on the company grounds. This includes everyone from the janitors working the nightshift to our CEO, Martin Easton.

The new ID cards include state-of-the-art technology that will make identification simple. Each card electronically stores all of the relevant information about the employee, including name, date of birth, position, and areas which the employee is permitted to access.

Employees will use their cards to gain access to a number of places. There will be scanners at the front and back gates of the grounds. There will also be scanners at every entrance to the building. Sensitive rooms, such as laboratories and computer rooms, will also have scanners. Employees will place their cards against the scanners and will then confirm their identities by having their fingerprints and eyes scanned. Once an employee's identity is confirmed, permission to enter will be authorized.

All employees should have already had their fingerprints taken and their eyes scanned. If you have not had either procedure done, please go to the security office in room 104B as soon as possible.

Jake Norman
Director, Human Resources Department
Maher Inc.

DAY 05

Part 7 실전 연습

4. Why did Mr. Norman write the memo?

(A) To address complaints that the ID cards are unnecessary
(B) To give the employees details about the new ID cards
(C) To insist that all employees wear their ID cards
(D) To request that employees provide photos for their ID cards

5. Which information is NOT contained in an ID card?

(A) The person's name
(B) The person's home address
(C) The person's job
(D) The person's birthday

6. The word "authorized" in paragraph 3, line 6, is closest in meaning to

(A) granted
(B) respected
(C) offered
(D) approached

1. 주제/목적

토익 Part 7에서 글의 주제 또는 글을 쓴 목적은 대부분 지문 첫 문장 또는 첫 단락에 문의, 요청, 지시, 발표, 공유 등을 나타내는 표현과 함께 제시됩니다.

 주제/목적 빈출 단서 유형

- **This letter[e-mail] is to confirm** 이 편지는[이메일은] ~을 확인해 드리기 위한 것입니다.
- **I am writing to apologize for** ~에 대해 사과드리기 위해 편지를[이메일을] 씁니다.
- **The purpose of this letter[e-mail] is to do** 이 편지[이메일]의 목적은 ~하는 것입니다.
- **I am happy to inform you about** ~에 대해 알려드리게 되어 기쁩니다.

Dear Mr. Simon,

This e-mail is to express regret for causing you inconvenience. Recently, I received your e-mail describing the damage to your customized Aurora lamp you ordered. We at Aurora Lamps and Lighting strive to ensure that this does not happen to our products, and we take care to pack all items very carefully. We will be more than willing to send you a replacement item.

Q. Why was the e-mail sent to Mr. Simon?
(A) To acknowledge a problem with an order
(B) To express thanks to him for his patronage
(C) To complain about a faulty product
(D) To request some customer feedback

사이먼 씨께,

본 이메일은 귀하에게 불편을 끼쳐드린 것에 대해 사과드리기 위함입니다. 최근, 귀하께서 주문하신 맞춤형 오로라 램프에 대한 손상을 설명하는 귀하의 이메일을 받았습니다. 저희 오로라 램프조명 사는 저희 제품에 이런 일이 발생하지 않도록 보장하기 위해 애쓰고 있으며, 모든 상품을 매우 조심스럽게 포장하도록 주의를 기울이고 있습니다. 귀하께 기꺼이 교체품을 보내 드릴 것입니다.

Q. 이 이메일은 왜 사이먼 씨에게 보내졌는가?

(A) 주문품의 문제를 시인하기 위해   (B) 그의 성원에 대해 감사를 표하기 위해

(C) 결함 제품에 대해 항의하기 위해   (D) 고객 의견을 요청하기 위해

 꿀팁

편지나 이메일을 보낸 이유는 첫 단락에서 This e-mail is to do ~와 같은 표현과 함께 제시되므로, is 뒤의 to 부정사 부분이 글을 쓴 목적이에요.

2. 사실 확인

사실확인 유형은 특정 대상에 대해 옳게 말한 것을 고르는 일치 유형과 옳지 않게 설명한 것을 고르는 불일치 유형의 두 가지로 출제되는데, 일치 유형이 70% 정도로 출제 비중이 훨씬 높습니다. 일치와 불일치 유형 모두 질문의 키워드를 지문에서 찾아 단서를 선택지와 비교하면 되는데, 단서가 지문 곳곳에 흩어져 있어서 지문의 많은 부분을 읽어야 합니다. 또한 일치하는 것 하나를 찾는 순간 풀이가 끝나는 일치 유형과 달리, 불일치 유형은 일치하는 것 세 개를 모두 찾아야 불일치하는 하나를 정답으로 고를 수 있으므로 문제풀이 시간이 더 많이 필요합니다.

TIP 사실 확인 단서 찾기

일치하는 것 찾기	질문의 about 뒤에 제시되는 키워드를 지문에서 찾아 관련 정보를 확인한 후 올바르게 설명한 선택지를 찾아야 합니다.
일치하지 않는 것 찾기	일치하는 것 세 개를 모두 찾아 소거하고 남은 하나를 고르는 불일치 유형은 지문 전체를 읽어야 해서 시간이 많이 소요되므로 가장 마지막에 풀거나 건너뛰는 것이 좋을 수도 있습니다.

Dear Desmond,

I wanted to thank you for taking the time to show me **the facility** on Southern Avenue yesterday. It looks like it may be a good fit for our company's new location. The size is perfect, **and the location is very convenient for highway access**. However, I do have a couple of quick questions about the property.

Q. What is true about the facility?
(A) It can be remodeled.
(B) It has underground parking.
(C) It is not far from the highway.
(D) Its parking may be insufficient.

데즈몬드 씨,

어제 시간을 내셔서 저를 서던 애비뉴에 있는 시설로 안내해 주신 것에 대해 감사드리고 싶었습니다. 그곳은 우리 회사의 새로운 사옥으로 꼭 맞는 것처럼 보입니다. 크기가 완벽했고, 위치는 고속도로 이용에 매우 편리합니다. 하지만, 그 건물에 관해 두어 가지 간단한 질문이 있습니다.

Q. 이 시설에 대해 사실인 것은 무엇인가?
(A) 개조될 수 있다.
(B) 지하 주차장이 있다.
(C) 고속도로와 멀리 떨어져 있지 않다.
(D) 주차 공간이 충분하지 않을 수도 있다.

 꿀팁

질문의 키워드 the facility를 지문에서 찾아서 그 뒷부분을 해석하면 됩니다.

Week **21**
정답 및 해설

Day 01 Part 1, 2 실전 연습

Part 1

1. (C)	2. (A)	3. (D)	4. (D)	5. (A)
6. (C)				

1.

(A) A woman is carrying a bag.

(B) A woman is mopping the floor.

(C) A woman is trying on a pair of shoes.

(D) A woman is reaching for an item.

(A) 한 여자가 가방을 들고 다니는 중이다.

(B) 한 여자가 바닥을 대걸레로 닦는 중이다.

(C) 한 여자가 신발 한 켤레를 신어보는 중이다.

(D) 한 여자가 한 제품을 향해 팔을 뻗는 중이다.

정답 (C)

해설 (A) 가방을 들고 다니는(is carrying) 동작을 하고 있지 않으므로 오답.

(B) 바닥을 대걸레로 닦는(is mopping) 동작을 하고 있지 않으므로 오답.

(C) 신발 한 켤레를 신어보는 모습을 묘사하고 있으므로 정답.

(D) 한 제품을 향해 팔을 뻗는(is reaching) 동작을 하고 있지 않으므로 오답.

어휘 carry ~을 들고 다니다, 휴대하다 mop ~을 대걸레로 닦다 try on ~을 착용해 보다 reach for ~을 향해 팔을 뻗다, 손을 뻗다

2.

(A) Boxes are stacked on a warehouse floor.

(B) A ladder is leaning against a shelving unit.

(C) Some packages are being inspected.

(D) Items are being placed into boxes.

(A) 창고 바닥에 상자들이 쌓여 있다.

(B) 사다리가 선반에 기대어져 있다.

(C) 몇몇 포장 상자들이 검사되고 있다.

(D) 물건들이 박스에 넣어지고 있다.

정답 (A)

해설 (A) 창고로 보이는 곳 바닥에 상자들이 쌓여 있으므로 정답.

(B) 사다리는 보이지 않으므로 오답.

(C) 포장 상자를 검사하는 모습은 보이지 않으므로 오답.

(D) 상자에 물건을 담는 모습은 보이지 않으므로 오답.

어휘 stack ~을 쌓다 warehouse 창고 floor 바닥 ladder 사다리 lean against ~에 기대다 shelving unit 선반 package 포장 상자, 소포 inspect ~을 검사하다 place A into B: A를 B에 넣다

3.

(A) Carts are being loaded with bricks.

(B) A sign is being posted.

(C) Some wheels are being replaced.

(D) Wheelbarrows are propped against a wall.

(A) 카트들에 벽돌이 실리고 있다.

(B) 표지판이 게시되고 있다.

(C) 몇몇 바퀴가 교체되고 있다.

(D) 외바퀴 손수레들이 벽에 기대어져 있다.

정답 (D)

해설 (A) 카트에 벽돌을 싣는 동작은 보이지 않으므로 오답.

(B) 표지판은 이미 게시되어 있으며, 게시되는 중이 아니므로 오답.

(C) 바퀴를 교체하는 동작은 보이지 않으므로 오답.

(D) 외바퀴 손수레들이 벽에 기대어져 있는 모습을 묘사한 정답.

어휘 **load** ~을 싣다 **brick** 벽돌 **sign** 표지판 **post** ~을 게시하다 **wheel** 바퀴 **replace** ~을 교체하다 **wheelbarrow** 외바퀴 손수레 **be propped against** ~에 기대어져 있다

4.

(A) Some people are unloading luggage.

(B) Airplanes are parked side by side.

(C) Some people are opening suitcases.

(D) Steps are positioned next to an aircraft.

(A) 몇몇 사람들이 수하물을 내리고 있다.

(B) 비행기들이 나란히 세워져 있다.

(C) 몇몇 사람들이 여행 가방을 열고 있다.

(D) 계단이 비행기 옆에 위치해 있다.

정답 (D)

해설 (A) 수하물을 내리는 동작을 하는 사람을 찾아볼 수 없으므로 오답.

(B) 옆에 나란히 서 있는 다른 비행기를 확인하기 어려우므로 오답.

(C) 여행 가방을 여는 동작을 하는 사람을 찾아볼 수 없으므로 오답.

(D) 비행기 옆에 비행기로 오르는 계단이 위치해 있으므로 정답.

어휘 **unload** (짐 등) ~을 내리다 **luggage** 수하물, 짐 **park** v. ~을 세워 놓다, 주차하다 **side by side** 나란히 **suitcase**

여행 가방 **steps** 계단 **be positioned** 위치해 있다 **next to** ~의 옆에 **aircraft** 비행기

5.

(A) They're tying their shoelaces.

(B) They're running a race.

(C) A man is kneeling next to a staircase.

(D) A woman is pointing at a sign.

(A) 사람들이 운동화 끈을 묶고 있다.

(B) 사람들이 달리기 경주를 하고 있다.

(C) 한 남자가 계단 옆에 무릎을 꿇고 있다.

(D) 한 여자가 표지판을 가리키고 있다.

정답 (A)

해설 (A) 두 사람 모두 운동화 끈을 묶고 있으므로 정답.

(B) 달리기 경기를 하고 있는 모습이 아니므로 오답.

(C) 남자가 무릎을 꿇고 있는 모습이 아니므로 오답.

(D) 여자가 무엇을 가리키고 있지 않으므로 오답.

어휘 **tie** ~을 묶다 cf. 현재분사형은 tying **shoelaces** 신발끈 **race** 경주, 달리기 시합 **kneel** 무릎을 꿇다 **next to** ~의 옆에 **staircase** 계단 **point at** ~을 가리키다 **sign** 표지판

6.

(A) A sidewalk is being repaired.

(B) Some people are walking through an archway.

(C) There are lampposts along the walkway.

(D) Some trees have been cut down.

(A) 보도가 수리되고 있다.

(B) 몇몇 사람들이 아치형 길을 통과해 걷고 있다.

(C) 보도를 따라 가로등이 서 있다.

(D) 몇몇 나무들이 잘려 넘어져 있다.

정답 (C)

해설 (A) 보도에 수리 작업을 하고 있는 사람이 없으므로 오답.

(B) 길을 걷는 사람들을 찾아볼 수 없으므로 오답.

(C) 보도를 따라 가로등들이 서 있는 상태이므로 정답.

(D) 잘려 넘어진 나무들을 찾아볼 수 없으므로 오답.

어휘 sidewalk 보도 repair ~을 수리하다 archway 아치형 길, 아치형 입구 lamppost 가로등 along (길 등) ~을 따라 walkway 보도, 통행로 cut down (나무 등) ~을 잘라 넘어뜨리다

Part 2

7. (B)	8. (B)	9. (A)	10. (C)	11. (A)
12. (C)	13. (B)	14. (A)	15. (A)	16. (B)
17. (A)	18. (A)	19. (A)	20. (B)	21. (B)
22. (B)	23. (B)	24. (B)	25. (C)	26. (C)

7. When are you going to submit your essay?

(A) I was out all day yesterday.

(B) It is due next Tuesday.

(C) In my mailbox.

에세이를 언제 제출하실 건가요?

(A) 저는 어제 하루 종일 외부에 나가 있었습니다.

(B) 다음 주 화요일이 마감입니다.

(C) 제 우편함에요.

정답 (B)

해설 (A) yesterday는 과거 시점을 나타내므로 미래의 일을 묻는 질문에 어울리지 않아 오답.

(B) 미래 시점을 나타내는 due next Tuesday로 마감 시점을 알려주므로 정답.

(C) Where에 어울리는 위치/장소를 말하고 있으므로 오답.

어휘 submit ~을 제출하다 essay 에세이, 수필, 과제물 be out 외출해 있다, 부재 중이다 due ~가 기한인

8. Where do you want me to put these packages?

(A) I put the sales report on your desk.

(B) Just leave them here, thanks.

(C) Of course.

어디에 이 배송 물품들을 놓아두기를 원하세요?

(A) 제가 당신 책상 위에 매출 보고서를 놓아두었어요.

(B) 그냥 여기 두세요, 감사합니다.

(C) 물론이죠.

정답 (B)

해설 (A) 배송 물품이 아닌 매출 보고서를 놓아둔 위치를 말하고 있으므로 오답.

(B) Where에 어울리는 특정 위치를 알리는 답변이므로 정답.

(C) Yes와 마찬가지로 긍정을 뜻하는 말이므로 의문사 의문문에 어울리지 않는 오답.

어휘 want A to do: A가 ~하기를 원하다 put ~을 놓다, 두다 package 배송 물품, 소포, 꾸러미 sales 매출, 영업, 판매(량) leave ~을 놓다, 두다

9. Don't you have an appointment with the public relations manager?

(A) Yes, I'm leaving for it now.

(B) She made a very good point.

(C) Go to the second floor.

홍보부장님과 약속이 있지 않나요?

(A) 네, 지금 그것을 위해 출발하는 중입니다.

(B) 그녀가 아주 좋은 지적을 해주었어요.

(C) 2층으로 가세요.

정답 (A)

해설 (A) 긍정을 나타내는 Yes와 함께 지금 출발한다는 말로 약속이 있음을 확인해주는 답변이므로 정답.

(B) 질문의 appointment와 일부 발음이 비슷한 point를 이용하여 혼동을 유발하는 오답.

(C) 상대방이 약속이 있는지 확인하는 질문의 내용과 관련 없는 오답.

어휘 appointment 약속, 예약 public relations 홍보 leave 출발하다, 떠나다 make a good point 좋은 지적을 하다

10. Do you have time to help me fill out this form?

(A) It seems informative.

(B) Fill it to the top.

(C) Of course. What can I do?

제가 이 양식을 작성하는 것을 도와줄 시간이 있으신가요?

(A) 유익한 것 같아요.

(B) 맨 위까지 가득 채워 주세요.

(C) 물론입니다. 무엇을 하면 될까요?

정답 (C)

해설 (A) 시간이 나는지에 대한 여부가 아닌 특정 대상(It)의 성격을 나타내는 말이므로 오답.

(B) 질문에 포함된 동사 fill의 다른 의미(채우다)를 활용해 혼동을 유발하는 답변으로, 무언가를 가득 채워 달라고 요청하는 말이므로 질문과 관련 없는 오답.

(C) 시간이 있다는 긍정의 뜻을 나타내는 Of course와 함께 무엇을 하는 것으로 도울 수 있는지 되묻는 말을 덧붙인 답변이므로 정답.

어휘 help A do: A가 ~하는 것을 돕다 fill out ~을 작성하다 form 양식, 서식 seem + 형용사: ~한 것 같다, ~한 것처럼 보이다 informative 유익한 fill ~을 채우다, 메우다 to the top 맨 위까지

11. Wasn't the faulty printer supposed to be replaced today?

(A) It started working again.

(B) I've never tried that place.

(C) No, you don't need to print any.

결함이 있는 프린터가 오늘 교체될 예정이지 않았나요?

(A) 그게 다시 작동하기 시작했어요.

(B) 저는 그곳에 한 번도 가 보지 않았어요.

(C) 아뇨, 아무것도 인쇄하실 필요가 없습니다.

정답 (A)

해설 (A) 다시 작동하기 시작했다는 말로 교체할 필요가 없음을 의미하는 정답.

(B) 질문에 쓰인 replaced와 발음이 유사한 place를 이용한

오답.

(C) 질문에 쓰인 printer와 발음이 거의 같은 print를 이용해 혼동을 유발하는 오답.

어휘 faulty 결함이 있는 be supposed to do ~할 예정이다, ~하기로 되어 있다 replace ~을 교체하다 work (기계 등이) 작동하다, 기능하다 try ~을 한번 해 보다

12. Would you care to order some dessert?

(A) He was working late.

(B) They should be careful.

(C) Sorry, I'm full.

디저트를 좀 주문하시겠어요?

(A) 그는 늦게까지 일하고 있었어요.

(B) 그들은 조심해야 해요.

(C) 죄송해요, 배가 불러서요.

정답 (C)

해설 (A) 질문의 내용과 관련 없는 오답.

(B) 질문에 나온 care와 일부 발음이 비슷한 careful로 혼동을 유발하는 오답.

(C) 디저트를 주문할 것인지 묻는 질문에 대해 정중히 거절하는 정답.

어휘 care to do ~하고자 하다 order ~을 주문하다 careful 주의 깊은, 신중한 full 가득 찬, 배부른

13. I need you to fill this order first.

(A) Jamie needs one, too.

(B) I'll take care of it.

(C) They feel the same way.

이 주문 건을 먼저 처리해 주세요.

(A) 제이미도 하나 필요해요.

(B) 제가 처리하겠습니다.

(C) 그들도 똑같이 생각해요.

정답 (B)

해설 (A) 제시문에 나온 동사 need를 이용한 오답.

(B) 주문 건을 처리해 달라는 지시에 자신이 하겠다고 말하는 정답.

(C) 제시문에 나온 동사 fill과 발음이 비슷한 feel을 이용한 오답.

어휘 **need A to do** A가 ~해야 하다 **fill an order** 주문 건을 처리하다, 주문품을 마련하다 **take care of** ~을 처리하다 **the same way** 똑같이

14. Terry will work my shift on Saturday morning.

(A) **Did you update the schedule?**
(B) It works most of the time.
(C) Usually every weekend.

테리 씨가 토요일 오전에 제 근무를 대신해 줄 거예요.

(A) **일정표를 업데이트 하셨나요?**
(B) 대개는 작동이 됩니다.
(C) 보통 매주 주말이요.

정답 (A)

해설 (A) 다른 이가 자신의 근무를 대신해 줄 것이라는 말에 변경된 사항을 일정표에 업데이트 했는지 묻는 정답.
(B) 제시문에 나온 work를 이용한 오답.
(C) 빈도를 말하는 응답으로 제시문과 어울리지 않는 오답.

어휘 **shift** 교대 근무 **update** ~을 업데이트하다 **schedule** 일정표 **most of the time** 대부분, 대개 **usually** 보통은 **every weekend** 매주 주말마다

15. This action movie has received good reviews.

(A) **Let's get tickets then.**
(B) At the movie theater.
(C) I've never tried acting before.

이 액션 영화는 좋은 평을 받았어요.

(A) **그럼 티켓을 삽시다.**
(B) 영화관에서요.
(C) 저는 전에 연기를 해본 적이 없어요.

정답 (A)

해설 (A) 영화가 좋은 평을 받았다는 말에 영화 티켓을 사자는 제안을 하고 있으므로 정답.
(B) 제시문에 언급된 movie와 관련 있는 movie theater를 이용해 혼동을 유발하는 오답.
(C) action, movie 등과 관련 있는 acting을 이용해 혼동을 유발하는 오답.

어휘 **action movie** 액션 영화 **receive** ~을 받다 **review** 평, 후기 **try** ~을 시도하다 **acting** 연기 **before** 전에

16. Is Lisa heading the company trip committee this year?

(A) To the lakeside.
(B) **No, I am.**
(C) By the end of the week.

리사 씨가 올해 회사 여행 위원회를 맡나요?

(A) 호숫가로요.
(B) **아뇨, 제가 합니다.**
(C) 주 말까지요.

정답 (B)

해설 (A) company trip에서 연상할 수 있는 장소를 말하는 오답.
(B) 리사 씨가 위원회를 이끌 것인지를 묻는 질문에 대해 부정하며 자신이 할 것이라고 알려주는 정답.
(C) 리사가 위원회를 맡을 것인지 여부는 말하지 않고 완료 시점을 말하는 오답.

어휘 **head** ~을 이끌다 **company trip** 회사 여행 **committee** 위원회 **lakeside** 호반, 호숫가 **end of the week** 주말(금요일)

17. The new marketing manager still hasn't been named.

(A) **I heard it will be Mr. Coleman.**
(B) A series of online advertisements.
(C) It's for the management team.

신임 마케팅 매니저가 아직 지명되지 않았어요.

(A) **콜만 씨일 것이라고 들었어요.**
(B) 일련의 온라인 광고들이요.
(C) 그건 경영팀을 위한 거예요.

정답 (A)

해설 (A) 마케팅 매니저가 아직 지명되지 않았다는 말에 예정된 사람이 콜만 씨라고 알려주는 정답.
(B) 제시문에 언급된 marketing과 관련 있을 법한 online advertisements로 혼동을 유발하는 오답.
(C) 제시문에 언급된 manager와 관련 있을 법한 management로 혼동을 유발하는 오답.

어휘 **name** v. ~을 지명하다(= appoint) **a series of** 일련의 **advertisement** 광고 **management** 경영

18. Did you personalize your watch?

    (A) My initials are engraved on the back.

    (B) I don't know him either.

    (C) It's a popular item for men.

당신의 손목 시계를 개인 맞춤형으로 만들었나요?

    (A) 뒷면에 제 이니셜이 새겨져 있어요.

    (B) 저도 그를 몰라요.

    (C) 그건 남성분들께 인기 있는 제품이에요.

정답 (A)

해설 (A) 시계를 맞춤형으로 만들었는지 묻는 질문에 이니셜을 새
겼다는 구체적인 정보를 제공하는 것으로 질문 내용에 긍
정하는 정답.

    (B) him이 누구를 지칭하는지 불분명하며, 질문의 내용과 맞
지 않아 오답.

    (C) 질문 내용과 관련 없는 오답.

어휘 **personalize** ~을 개인의 필요에 맞추다 **watch** 손목 시계
initials 성명의 첫 글자들 **engrave** ~을 새기다 **back** 후면
either (부정문에서) 역시, 또한 **popular** 인기 있는

19. Do you think I should reserve a table at the restaurant?

    (A) It's not supposed to be busy.

    (B) I had a wonderful time.

    (C) The grilled fish, please.

제가 그 레스토랑에 테이블을 하나 예약해야 한다고 생각하세
요?

    (A) 그곳은 붐비지 않을 겁니다.

    (B) 저는 아주 즐거운 시간을 보냈습니다.

    (C) 구운 생선으로 부탁합니다.

정답 (A)

해설 (A) 레스토랑이 붐비지 않을 것이라고 말하는 것은 예약할 필
요가 없다는 뜻이므로 정답.

    (B) 즐거운 시간을 보냈다는 말로 과거 시점의 일에 대한 의견
을 밝히는 답변이므로 예약 여부와 관련 없는 오답.

    (C) 질문에 포함된 restaurant와 연관성 있게 들리는 grilled
fish를 활용해 혼동을 유발하는 답변으로, 음식 주문 시에
할 수 있는 말이므로 질문과 관련 없는 오답.

어휘 **reserve** ~을 예약하다 **be supposed to do** ~할
예정이다, ~하기로 되어 있다 **grilled** 구운

20. Aren't you wearing a suit for your interview?

    (A) A position in marketing.

    (B) I'm considering it.

    (C) Let's check the schedule.

면접을 위해 정장을 입으시지 않나요?

    (A) 마케팅 부서의 직책이요.

    (B) 그것을 고려 중입니다.

    (C) 일정표를 확인해 봅시다.

정답 (B)

해설 (A) 정장 착용 여부가 아닌 특정 부서의 직책을 언급하는 말이
므로 질문과 관련 없는 오답.

    (B) 질문에서 언급하는 '정장을 입는 일'을 it으로 지칭해 그렇
게 하는 것을 고려 중이라는 말로 아직 확정하지 않은 상
황임을 말하고 있으므로 정답.

    (C) 일정표를 확인해 보자고 권하는 답변으로, 정장 착용 여부
와 관련해 제안할 수 있는 일이 아니므로 오답.

어휘 **suit** 정장 **position** 직책, 일자리 **consider** ~을 고려하다

21. Have you checked your e-mail account yet?

    (A) So does she.

    (B) I've been too busy.

    (C) Near the post office.

혹시 당신 이메일 계정을 확인해 보셨나요?

    (A) 그녀도 그렇습니다.

    (B) 제가 계속 너무 바빴어요.

    (C) 우체국 근처에요.

정답 (B)

해설 (A) 앞서 언급된 일에 대해 동의하거나 동일한 상황에 처해 있
음을 나타낼 때 사용하는 말이므로 오답.

    (B) 계속 너무 바빴다는 말로 아직 확인해 보지 못했다는 뜻을
나타내는 답변이므로 정답.

    (C) 질문에 포함된 e-mail의 mail과 연관성 있게 들리는
post office를 활용해 혼동을 유발하는 답변으로, 이메일
계정 확인 여부와 관련 없는 답변이므로 오답.

어휘 **account** 계정, 계좌 **near** ~ 근처에

22. Do you know who's coming to the dinner party tonight?

(A) I don't know where to go.

(B) All of the staff members.

(C) It was very delicious.

오늘 저녁 만찬에 누가 오는지 아시나요?
(A) 저는 어디로 가야 할지 몰라요.
(B) 전 직원이요.
(C) 아주 맛있었습니다.

정답 (B)

해설 (A) 참석 대상자가 아닌 행사 개최 장소와 관련된 답변이므로 오답.
(B) 질문에 포함된 의문사 who에 어울리는 참석 대상자를 밝히는 답변이므로 정답.
(C) 질문에 포함된 dinner와 연관성 있게 들리는 delicious를 활용해 혼동을 유발하는 답변으로, 참석 대상자가 아닌 특정 음식에 대한 의견을 밝히는 말이므로 오답.

어휘 where to go 어디로 가야 할지, 가는 곳 staff member 직원

23. Has anyone checked the sales figures yet?

(A) That sounds pretty accurate.

(B) Mr. Camby might have.

(C) They are having a sale.

혹시 누가 매출 수치를 확인해 보셨나요?
(A) 아주 정확한 것 같네요.
(B) 캠비 씨가 했을 수도 있습니다.
(C) 그곳은 할인 판매 중입니다.

정답 (B)

해설 (A) 매출 수치를 확인해 본 사람이 아닌 자료의 정확성과 관련된 답변이므로 오답.
(B) 특정 인물을 언급해 그 사람이 매출 수치를 확인했을 가능성을 말하는 답변이므로 정답.
(C) 질문에 포함된 sale의 다른 의미(할인 판매)를 활용해 혼동을 유발하는 답변으로, 매출 수치 확인 여부와 관련 없는 오답.

어휘 sales 매출, 영업, 판매(량), 할인 판매 figure 수치, 숫자 pretty 아주, 꽤 accurate 정확한 might have p.p. ~했을 수도 있다

24. Are you planning to take our guests out to lunch?

(A) Where did you go?

(B) No, they're leaving before noon.

(C) Help yourself.

우리 손님들을 모시고 점심 식사하러 나갈 계획인가요?
(A) 어디로 가셨어요?
(B) 아뇨, 그분들께서는 정오 전에 떠나실 거예요.
(C) 마음껏 드세요.

정답 (B)

해설 (A) 앞으로의 계획을 묻는 질문과 달리 과거 시점(did)의 일에 대해 되묻고 있으므로 질문과 관련 없는 오답.
(B) 부정을 나타내는 No 및 guests를 대신하는 they와 함께 정오 전에 그들이 떠난다는 말로 점심 식사하러 가지 않을 것이라는 뜻을 나타내는 답변이므로 정답.
(C) 식사 자리에서 상대방에게 마음껏 먹도록 권할 때 사용하는 말이므로 오답.

어휘 plan to do ~할 계획이다 take A out to B: A를 데리고 B하러 나가다 leave 출발하다, 떠나다 noon 정오 Help yourself 마음껏 드세요

25. Is there a computer that I can use to print?

(A) The library opened at 9 A.M.

(B) Thanks for printing it.

(C) It's out of order right now.

제가 인쇄하는 데 사용할 수 있는 컴퓨터가 있나요?
(A) 도서관이 오전 9시에 열었습니다.
(B) 그것을 인쇄해 주셔서 감사합니다.
(C) 그게 지금은 고장 나 있습니다.

정답 (C)

해설 (A) 이용 가능한 컴퓨터의 존재 여부가 아닌 도서관 개장 시간을 말하고 있어 질문과 관련 없는 오답.
(B) 질문에 포함된 print를 반복 사용해 혼동을 유발하는 답변으로, 이용 가능한 컴퓨터의 존재 여부와 관련 없는 감사 인사이므로 오답.
(C) 이용 가능한 컴퓨터를 It으로 지칭해 그것이 고장 나 있다는 말로 사용할 수 없음을 나타내는 답변이므로 정답.

어휘 out of order 고장 난

26. Is this year's job fair going to be in Germany?

(A) It is fairly big.

(B) No, it's next month.

(C) Why don't you ask Emma?

올해 취업 박람회가 독일에서 있을 건가요?

(A) 그건 꽤 큽니다.

(B) 아뇨, 다음 달에요.

(C) 엠마 씨에게 물어보시는 게 어때요?

정답 (C)

해설 (A) 질문에 포함된 fair와 일부 발음이 같은 fairly를 활용해 혼동을 유발하는 답변으로, 행사 개최 장소가 아닌 행사 규모를 말하고 있어 질문과 관련 없는 오답.

(B) 부정을 나타내는 No 뒤에 이어지는 말이 시점 표현이므로 질문과 관련 없는 오답.

(C) 질문 내용에 대해 확인해 주는 대신 그 정보를 확인할 수 있는 방법을 제안하는 답변이므로 정답.

어휘 job fair 취업 박람회 fairly 꽤, 상당히 Why don't you ~? ~하는 게 어때요?

Day 02 Part 3, 4 실전 연습

Part 3

1. (C)	**2.** (C)	**3.** (A)	**4.** (D)	**5.** (C)
6. (B)	**7.** (A)	**8.** (C)	**9.** (B)	

Questions 1-3 refer to the following conversation.

M: Nina, I wanted to ask you about **1** the customer service seminars for our employees. Is it okay to hold them during the first week of April?

W: Well, we have several crucial work deadlines at the beginning of **2 3** April. We'll also be busy opening the newest branch of our supermarket chain that month. It might not be the best time. Could you hold the seminars in May instead?

M: Sure, that'll work, too. I totally forgot that April will be such a busy time for us.

남: 니나 씨, 우리 직원들을 위한 고객 서비스 세미나에 관해 여쭤보고 싶었어요. 4월 첫째 주에 개최하는 것이 괜찮은가요?

여: 저, 저희가 4월 초에 몇 가지 중대한 작업 마감 기한이 있어요. 게다가 그 달에 우리 슈퍼마켓 체인의 최신 지점도 개장하느라 바쁠 거예요. 그때가 가장 좋은 시기가 아닐 수도 있어요. 대신 5월에 그 세미나를 개최해 주시겠어요?

남: 물론이죠, 그렇게 해도 될 겁니다. 4월이 우리에게 그렇게 바쁜 시기일 거라는 사실을 완전히 잊고 있었어요.

어휘 hold ~을 개최하다, 열다 several 몇몇의, 여럿의 crucial 중대한 deadline 마감 기한 be busy -ing ~하느라 바쁘다 branch 지점, 지사 instead 대신 totally 완전히, 전적으로 forget that ~임을 잊다

1. 남자는 무엇을 하고 싶어하는가?

(A) 신입 사원 고용하기

(B) 여행 준비하기

(C) 몇몇 세미나 개최하기

(D) 몇몇 고객들에게 설문조사하기

정답 (C)

해설 대화 초반부에 남자가 고객 서비스 세미나를 언급하면서 4월 첫째 주에 개최하는 것이 괜찮은지(~ the customer service seminars for our employees. Is it okay to hold them during the first week of April?) 묻고 있으므로 (C)가 정답이다.

어휘 hire ~을 고용하다 organize ~을 준비하다, 조직하다 survey v. ~에게 설문조사하다

---

2. 4월에 무슨 일이 있을 것인가?
(A) 직원이 승진될 것이다.
(B) 회사 사무실이 이전될 것이다.
(C) 매장이 개장될 것이다.
(D) 신제품이 출시될 것이다.

정답 (C)

해설 4월이라는 시점이 언급되는 대화 중반부에, 여자가 4월에 있을 일을 말하면서 신규 지점을 개장할 거라고(~ April. We'll also be busy opening the newest branch of our supermarket chain that month) 알리고 있으므로 (C)가 정답이다.

어휘 promote ~을 승진시키다 launch ~을 출시하다, 공개하다
Paraphrase opening the newest branch → store will be opened

---

3. 여자는 무엇에 대해 우려하는가?
(A) 바쁜 업무 일정
(B) 배송 지연
(C) 제품의 가격
(D) 행사의 참석자 수

정답 (A)

해설 여자가 대화 중반부에 4월에 있을 마감 기한 및 신규 지점 개장으로 바쁜 상황일 것임을 알리는 것으로 볼 때(~ April. We'll also be busy opening the newest branch of our supermarket chain that month), 바쁜 업무 일정으로 인해 우려하고 있다는 것을 알 수 있으므로 (A)가 정답이다.

어휘 be concerned about ~에 대해 우려하다 delay 지연, 지체 attendance 참석(자의 수)

Questions 4-6 refer to the following conversation.

W: Hi, **4** I'm interested in reserving one of your private dining rooms. A colleague of mine held a celebration at your restaurant last month and he highly recommends your food and service.

M: That's nice to hear. **5** Would you like me to e-mail you some photos and additional details for each of our private rooms?

W: That would be great. My address Is sarasmith@gomail.com. By the way, I'd prefer a room that has a good view, if possible.

M: Well, **6** our rooms on the third floor provide a nice view of the sea. However, they have a slightly lower seating capacity than our other rooms.

여: 안녕하세요, 개별 식사 공간들 중의 하나를 예약하는 데 관심이 있습니다. 제 동료 직원 한 명이 지난 달에 그쪽 레스토랑에서 기념 행사를 열었는데, 그곳의 음식과 서비스를 적극 추천해 주네요.

남: 그 말씀을 듣게 되어 기쁩니다. 저희 개별 식사 공간 각각에 대한 몇몇 사진과 추가 세부 사항을 이메일로 보내 드릴까요?

여: 그럼 아주 좋을 것 같아요. 제 주소는 sarasmith@gomail.com입니다. 그건 그렇고, 가능하다면 전망이 좋은 방이면 좋겠습니다.

남: 저, 3층에 있는 방들은 훌륭한 바다 전망을 제공합니다. 하지만, 다른 방들보다 좌석 수용 규모가 약간 작습니다.

어휘 be interested in ~하는 데 관심 있다 reserve ~을 예약하다 private 개별의, 개인의, 사적인 colleague 동료 (직원) hold ~을 개최하다, 열다 celebration 기념 행사, 축하 행사 highly recommend ~을 적극 추천하다 would like A to do: A가 ~하기를 원하다 additional 추가적인 details 세부 사항, 상세 정보 by the way (화제 전환 시) 그건 그렇고 would prefer ~을 원하다, ~하고 싶다 if possible 가능하다면 provide ~을 제공하다 slightly 약간, 조금 seating capacity 좌석 수용 규모, 수용 가능한 좌석 인원

---

4. 여자는 무엇을 예약하고 싶어하는가?
(A) 라이브 연주자
(B) 회사 차량
(C) 컨퍼런스 개최 장소

(D) 식사 공간

정답 (D)

해설 여자가 예약하고 싶어하는 것을 묻는 문제이므로 여자의 말에서 예약 대상으로 언급되는 정보를 찾아야 한다. 대화를 시작하면서 여자가 식사 공간을 예약하는 데 관심이 있다고(~ I'm interested in reserving one of your private dining rooms) 말하고 있으므로 (D)가 정답이다.

어휘 vehicle 차량 venue 개최 장소

5. 남자는 여자에게 무엇을 보내겠다고 제안하는가?
(A) 할인 쿠폰
(B) 메뉴 선택권
(C) 사진
(D) 계약서

정답 (C)

해설 남자가 제안하는 일을 묻는 문제이므로 남자의 말에서 제안 표현과 함께 제시되는 정보를 찾아야 한다. 대화 중반부에 남자가 개별 식사 공간의 사진과 세부 사항을 이메일로 보내 주겠다고(Would you like me to e-mail you some photos and additional details for each of our private rooms?) 제안하고 있으므로 이 둘 중 하나를 언급한 (C)가 정답이다.

어휘 voucher 쿠폰, 상품권 contract 계약서

6. 남자는 3층에 있는 방에 관해 무슨 말을 하는가?
(A) 더 비싸다.
(B) 더 적은 인원을 앉힐 수 있다.
(C) 창문이 없다.
(D) 현재 이용할 수 없다.

정답 (B)

해설 3층에 있는 방은 대화 후반부에 언급되는데, 남자가 그곳의 방이 지니는 특징으로 바다 전망이 제공된다는 점과 다른 방들보다 좌석 수용 규모가 약간 작다는 점을(~ our rooms on the third floor provide a nice view of the sea. However, they have a slightly lower seating capacity ~) 알리고 있다. 따라서 좌석 수용 규모가 더 작다는 점에 해당되는 의미를 지닌 (B)가 정답이다.

어휘 seat ~을 앉히다 currently 현재 unavailable 이용할 수 없는

Paraphrase have a slightly lower seating capacity → seat fewer people

Questions 7-9 refer to the following conversation with three speakers.

W: Thanks for coming to our factory. I know we're far away from the city.

M1: It's no problem. **7** We always drive all over the place doing repairs.

M2: Right, it's just part of our job. So, you mentioned on the phone that your packaging machine hasn't been working properly. Does it operate?

W: It runs, but the cutter isn't functioning well.

M1: OK. We'll take a look at it. **8** Hopefully it's an easy fix, but you did mention that it's an old model. **8** If we can't fix it, you might have to buy a new unit. And, as you know, **9** these machines can be costly.

여: 저희 공장에 와 주셔서 감사합니다. 저희가 시내에서 멀리 있다는 걸 알고 있어요.

남1: 문제 없습니다. 저희는 늘 모든 곳을 다니며 수리를 하니까요.

남2: 맞아요, 그건 저희 일의 일부이죠. 자, 전화로 말씀하시기를 포장 기계가 제대로 작동하지 않고 있다고 하셨죠. 작동은 됩니까?

여: 기계가 돌아가긴 해요, 하지만 절단기가 제대로 작동하지 않아요.

남1: 알겠습니다. 저희가 한번 살펴 볼게요. 쉽게 수리되면 좋겠지만, 그게 오래된 모델이라고 하셨죠. 만일 저희가 고치지 못하면, 새 기계를 구입하셔야 할 겁니다. 그리고, 아시다시피 이 기계들은 비쌀 수 있어요.

어휘 factory 공장 far away from ~로부터 먼 all over the place (넓은 지역에 걸쳐) 모든 곳에, 사방에 do repairs 수리하다 mention that ~라고 언급하다 packaging 포장 work (기계 장치 등이) 작동되다(= operate, run, function) cutter 절단기 take a look at ~을 한번 살펴보다 hopefully 바라건대 fix n. 수리, 해결책 v. ~을 수리하다 unit 기계, 장치 as you know 아시다시피 costly 많은 돈이 드는

7. 남자들 중 한 명이 자신들은 무엇에 익숙하다고 말하는가?

(A) 장시간 운전

(B) 지저분한 작업 공간

(C) 촉박한 공지

(D) 늦은 응답

정답 (A)

해설 여자가 먼 길 온 것에 대해 고맙다고 인사하자 남자1이 괜찮다고 말하며 자신들은 늘 수리하러 모든 곳을 다닌다고(We always drive all over the place doing repairs) 덧붙이고 있다. all over the place는 '넓은 지역에 걸쳐 있는 모든 곳'을 뜻하므로, 이들이 익숙하다고 말하는 것은 먼 거리를 다니는 장시간 운전을 의미하는 (A)가 정답이다.

어휘 messy 지저분한, 엉망인 workspace 작업 공간 short notice 촉박한 공지 response 반응

8. 남자들은 왜 공장을 방문하고 있는가?

(A) 기계를 배송하기 위해

(B) 몇몇 소프트웨어를 설치하기 위해

(C) 몇몇 장비를 수리하기 위해

(D) 건물을 검사하기 위해

정답 (C)

해설 대화 중반부에 남자 2가 포장 기계가 제대로 작동하지 않는다는 연락을 받았다고 말한다. 후반부에서는 남자 1이 쉽게 고쳐지길 바란다(Hopefully it's an easy fix), 만일 우리가 못 고치면(If we can't fix it)이라고 하는 말을 통해 남자들이 공장을 방문한 이유가 기계, 즉 장비를 수리하기 위함임을 알 수 있다. 따라서 (C)가 정답이다.

어휘 deliver ~을 배송하다 install ~을 설치하다 equipment 장비 inspect ~을 검사하다

9. 남자들 중 한 명이 여자에게 무엇에 대해 경고하는가?

(A) 작업 지연

(B) 높은 비용

(C) 형편없는 서비스

(D) 계약 기간

정답 (B)

해설 대화 마지막에 남자가 만일 수리가 안되면 새 기계를 사야 하는데, 기계가 비싸다고(these machines can be costly) 경

고해 주고 있으므로 (B)가 정답이다.

어휘 delay 지연 cost 비용 poor 형편없는, 잘 못하는 contract 계약 term 기간

Part 4

10. (B)	**11.** (C)	**12.** (A)	**13.** (B)	**14.** (C)
15. (A)	**16.** (C)	**17.** (A)	**18.** (C)	

Questions 10-12 refer to the following news report.

I'm Lucy Moore with your travel news update. Yesterday, **10** Star Airlines announced that it will be opening a direct flight between Seoul and Vancouver. The airline will begin offering this route in August. A press release from Star Airlines also indicated that **11** the company is starting a "budget flight" service, meaning that its potential passengers should expect to pay a lower price for their Pan-Pacific flight. **12** City officials from both Seoul and Vancouver are excited about the many benefits that will come with the increased tourism.

저는 최신 여행 뉴스를 전해 드리는 루시 무어입니다. 어제, 스타 항공사가 서울과 밴쿠버를 오가는 직항편을 운항할 예정이라고 발표했습니다. 이 항공사는 8월에 이 노선에 대한 서비스를 제공하기 시작할 것입니다. 또한, 스타 항공사의 보도 자료에 따르면 이 회사는 "저가 항공편" 서비스를 시작한다고 나타나 있으며, 이는 잠재 승객들이 범태평양의 항공편에 대해 더 낮은 가격을 지불할 것으로 예상하게 된다는 뜻입니다. 서울과 밴쿠버 양쪽 도시의 당국자들은 관광 산업 증대와 함께 딸려 올 많은 이점들에 대해 들떠 있습니다.

어휘 direct flight 직항편 between A and B: A와 B 사이에 offer ~을 제공하다 route 경로, 노선 press release 보도 자료 indicate that ~임을 나타내다 budget a. 저가의 potential 잠재적인 expect to do ~할 것으로 예상하다 official 당국자, 관계자 benefit 이점, 혜택 increased 증대된, 늘어난 tourism 관광

10. 화자는 8월에 무슨 일이 있을 것이라고 말하는가?

(A) 새 공항 터미널이 열릴 것이다.

(B) 항공사가 새 노선 운항을 시작할 것이다.

(C) 웹 사이트가 개선될 것이다.

(D) 새로운 직원들이 모집될 것이다.

정답 (B)

해설 8월이라는 시점이 제시되는 초반부에, 스타 항공사가 서울과 밴쿠버를 오가는 직항편을 운항할 예정이라고 발표한 사실과 함께 8월에 서비스를 제공하기 시작할 것이라고(Star Airlines announced that it will be opening a direct flight ~ The airline will begin offering this route in August) 알리고 있다. 따라서 새 노선의 운항을 시작하는 일을 언급한 (B)가 정답이다.

어휘 launch ~을 시작하다, ~에 착수하다 improve ~을 개선하다 recruit ~을 모집하다

Paraphrase will be opening a direct flight
→ will launch a new route

11. 화자는 고객들이 누릴 어떤 이점을 언급하는가?
(A) 더 쉬운 예약 절차
(B) 더 적은 지연
(C) 더 낮은 가격
(D) 줄어든 여행 시간

정답 (C)

해설 화자는 담화 중반부에 고객들이 누리게 될 혜택으로 저가 항공편 서비스를 언급하면서 더 낮은 가격을 지불하는 이점(~ the company is starting a "budget flight" service, meaning that its potential passengers should expect to pay a lower price ~)을 말하고 있다. 따라서 (C)가 정답이다.

어휘 booking 예약 procedure 절차 delay 지연 reduced 줄어든, 감소된

12. 화자의 말에 따르면, 누가 해당 소식에 대해 기뻐하는가?
(A) 정부 당국자들
(B) 이사회 임원들
(C) 관광객들
(D) 지역 사업체 소유주들

정답 (A)

해설 누군가가 기뻐하는 일은 담화 후반부에 언급되고 있는데, 서울과 밴쿠버 양쪽 도시의 당국자들이 관광 산업 증대와 함께 딸려 올 많은 이점들에 대해 들떠 있다고(City officials from both Seoul and Vancouver are excited about the

many benefits ~) 알리고 있다. 여기서 도시 당국자들은 정부 당국자들을 뜻하므로 (A)가 정답이다.

어휘 government 행정, 정부 board 이사회 local 지역의 owner 소유주

Paraphrase City officials → Government officials

Questions 13-15 refer to the following announcement.

Attention, shoppers. Please start making your way to the checkouts to pay for your items. **13** Our supermarket will be closing in 30 minutes. Remember that we have various special items on display at the checkouts. **14** We have a special buy-one-get-one-free offer on Creme Deluxe chocolate bars this week. Make sure you check them out! Also, we are currently handing out free samples of Naturolife beauty products on the second floor. **15** Starting from next week, our store will be carrying a new range of Naturolife skin moisturizers. Thank you for shopping with us today.

....

쇼핑객 여러분께 알립니다. 구입 제품에 대한 비용을 지불하기 위해 계산대로 이동하기 시작해 주십시오. 저희 슈퍼마켓은 30분 후에 문을 닫을 예정입니다. 저희가 계산대 옆에 다양한 특별 제품을 진열해 두고 있다는 점을 기억해 주시기 바랍니다. 저희는 이번 주에 크렘 딜럭스 초콜릿 바에 대해 1+1 특가 서비스를 제공합니다. 반드시 이것들을 확인해 보시기 바랍니다! 또한, 저희는 현재 2층에서 내츄로라이프 미용 제품의 무료 샘플을 나눠 드리고 있습니다. 다음 주부터, 저희 매장은 새로운 종류의 내츄로라이프 스킨 보습제 제품을 취급할 것입니다. 오늘 저희 매장에서 쇼핑해 주셔서 감사드립니다.

어휘 make one's way to ~로 이동하다, 가다 checkout 계산대 pay for ~에 대한 비용을 지불하다 item 제품, 물품 have A on display: A를 진열해 두다, 전시해 두다 various 다양한 buy-one-get-one-free 1+1으로 제공하는 offer 제공 (서비스) make sure (that) 반드시 ~하도록 하다 check A out: A를 확인해 보다 currently 현재 hand out ~을 나눠 주다 free 무료의 carry (매장에서) ~을 취급하다, 갖춰 놓다 range (제품) 종류, 제품군

13. 왜 공지가 이뤄지고 있는가?
(A) 슈퍼마켓의 편의 시설을 설명하기 위해
(B) 폐장 시간을 알리기 위해

(C) 한 가지 서비스가 왜 이용 불가능한지 설명하기 위해

(D) 새로운 지점을 광고하기 위해

정답 (B)

해설 담화 시작 부분에서 쇼핑객들에게 계산대로 이동하도록 요청하면서 매장이 30분 후에 문을 닫을 예정이라고(Our supermarket will be closing in 30 minutes) 알리고 있다. 따라서 폐장 시간을 알리는 것이 공지의 목적임을 알 수 있으므로 (B)가 정답이다.

어휘 describe ~을 설명하다 amenities 편의 시설 announce ~을 알리다, 발표하다 explain ~을 설명하다 unavailable 이용할 수 없는 advertise ~을 광고하다 branch 지점, 지사

14. 여자가 "반드시 이것들을 확인해 보시기 바랍니다"라고 말하는 이유는 무엇인가?

(A) 청자들에게 매장 쿠폰을 사용할 것을 상기시키고 있다.

(B) 청자들이 다른 업체를 방문하기를 원한다.

(C) 청자들이 거래 서비스를 이용하기를 바란다.

(D) 청자들에게 영수증을 확인하는 것을 권하고 있다.

정답 (C)

해설 담화 중반부에 화자가 이번 주에 크렘 딜럭스 초콜릿 바에 대해 1+1 특가 서비스를 제공한다고(We have a special buy-one-get-one-free offer on Creme Deluxe chocolate bars this week) 알린 뒤로 "반드시 이것들을 확인해 보시기 바랍니다"라는 말이 이어지고 있다. 이는 그 특가 서비스를 이용하도록 권하는 말에 해당되므로 (C)가 정답이다.

어휘 remind A to do: A에게 ~하는 것을 상기시키다 want A to do: A가 ~하기를 바라다 take advantage of ~을 이용하다 deal 거래 서비스, 거래 제품 advise A to do: A에게 ~하는 것을 권하다 receipt 영수증

15. 화자의 말에 따르면, 다음 주에 업체에서 무슨 일이 있을 것인가?

(A) 신제품이 판매될 것이다.

(B) 무료 배송 서비스가 시작될 것이다.

(C) 영업 시간이 연장될 것이다.

(D) 특가 할인 판매가 시작될 것이다.

정답 (A)

해설 '다음 주'라는 시점은 담화 후반부에 언급되고 있으며, 여기서 다음 주부터 새로운 보습제 제품을 취급할 것이라고(Starting from next week, our store will be carrying a new range of Naturolife skin moisturizers) 알리고 있다. 이는 신제품이 판매될 것이라는 뜻이므로 (A)가 정답이다.

어휘 happen 일어나다, 발생하다 free 무료의 delivery 배송, 배달 extend ~을 연장하다, 확대하다

Paraphrase will be carrying a new range of Naturolife skin moisturizers → New products will be sold.

Questions 16-18 refer to the following news report and weather forecast.

Good morning, listeners. I'm Mary Wells, and I'm here with your local news update. As many of you know, **16** the annual Canterbury Jazz Festival is taking place soon in Remuera Park, and everyone can enjoy it at no cost. It's a great way to enjoy some popular jazz music. This year's headlining artist is jazz singer Lucas Mason, and everyone is looking forward to his performance. If you're interested, **17** you can visit the official Web site at www.canterburyfestival.com to see a full performance schedule. As for the weather, **18** we're expecting a sunny day without any clouds on the big day, so make sure to bring your sunglasses.

안녕하세요, 청취자 여러분. 저는 메리 웰스이고, 여러분의 지역 뉴스 최신 정보를 전해드리기 위해 여기에 와 있습니다. 여러분들 중 많은 분들이 아시다시피, 연례 캔터베리 재즈 축제가 곧 레무에라 공원에서 열릴 예정이며 모든 분들이 이것을 무료로 즐기실 수 있습니다. 이것은 몇몇 인기 있는 재즈 음악을 즐길 수 있는 아주 좋은 방법입니다. 올해의 주요 공연자는 재즈 가수인 루카스 메이슨 씨이며, 모든 분들께서 이분의 공연을 고대하고 계십니다. 관심 있으실 경우, 전체 공연 일정표를 확인해 보시기 위해 공식 웹 사이트인 www.canterburyfestival.com을 방문하시기 바랍니다. 날씨와 관련해서는, 이 중요한 날에 구름 한 점 없이 화창한 날이 예상되고 있으므로 반드시 선글라스를 챙기시기 바랍니다.

목요일	금요일	토요일	일요일
🌧	⛅	☀	☁

어휘 local 지역의 annual 연례적인, 해마다의 take place

(행사 등이) 열리다 **enjoy** ~을 즐기다 **at no cost** 무료로 **way to do** ~하는 방법 **headlining artist** 주요 공연자 **look forward to** ~을 고대하다 **interested** 관심 있는 **official** 공식의, 공식적인 **as for** ~와 관련해서는, ~에 관해 말하자면 **expect** ~을 예상하다 **big day** 중요한 날 **make sure to do** 반드시 ~하도록 하다

16. 화자는 어떤 종류의 행사를 설명하고 있는가?
    (A) 매장의 개장식
    (B) 미술 및 공예 박람회
    (C) 음악 축제
    (D) 스포츠 경기

정답 (C)

해설 화자가 담화 초반부에서 연례 캔터베리 재즈 축제가 곧 열릴 것이라고(the annual Canterbury Jazz Festival is taking place soon in Remuera Park) 알리면서 이 축제와 관련된 전반적인 정보를 제공하는 것으로 담화를 이어가고 있다. 따라서 (C)가 정답이다.

어휘 **describe** ~을 설명하다 **grand opening** 개장식 **craft** 공예 **fair** 박람회 **competition** (경연) 대회

17. 화자의 말에 따르면, 청자들은 웹 사이트에서 무엇을 찾을 수 있는가?
    (A) 행사 일정표
    (B) 등록 양식
    (C) 식품 판매 업체 명단
    (D) 주차 안내도

정답 (A)

해설 웹 사이트가 언급되는 후반부에, 전체 공연 일정표를 확인해 보기 위해 공식 웹 사이트를 방문하라고(~ you can visit the official Web site at www.canterburyfestival.com to see a full performance schedule) 언급하고 있다. 이를 통해, 웹 사이트에서 행사 일정표를 찾을 수 있다는 것을 알 수 있으므로 (A)가 정답이다.

어휘 **registration** 등록 **form** 양식, 서식 **vendor** 판매 업체, 판매업자

Paraphrase full performance schedule → event schedule

18. 시각자료를 보시오. 행사가 어느 요일에 개최될 것인가?
    (A) 목요일
    (B) 금요일
    (C) 토요일
    (D) 일요일

정답 (C)

해설 날씨 정보가 제공되는 맨 마지막 부분에, 구름 한 점 없이 화창한 날이 예상된다고(~ we're expecting a sunny day without any clouds on the big day) 알리고 있다. 시각자료에서 화창한 날에 해당되는 요일이 토요일이므로 (C)가 정답이다.

Day 03 Part 5, 6 실전 연습

Part 5

1. (A)	**2.** (D)	**3.** (A)	**4.** (A)	**5.** (A)
6. (C)	**7.** (C)	**8.** (B)	**9.** (A)	**10.** (C)
11. (A)	**12.** (C)	**13.** (D)	**14.** (C)	**15.** (D)
16. (A)				

1.
정답 (A)

해석 지난주에 마케팅 부서에 의해 종합적인 설문조사가 실시되었다.

해설 형용사 뒤로 빈칸이 있고 동사가 바로 이어져 있으므로 빈칸은 형용사의 수식을 받을 명사 자리이다. 또한 빈칸 앞에 부정관사가 있으므로 단수 가산명사 (A) survey가 정답이다.

어휘 **comprehensive** 종합적인 **conduct** ~을 실시하다, 수행하다 **department** 부서 **survey** n. 설문조사(지) v. ~에게 설문조사하다

2.
정답 (D)

해석 조세프 씨는 자신의 작품이 메트로폴리탄 미술관에 전시될 것이라는 말을 듣고 기뻐했다.

해설 빈칸 앞에 소유격 인칭대명사가 있으므로 빈칸은 명사 자리이다. 선택지 중 명사는 (C) worker와 (D) work인데 '전시되는 것'을 나타내야 하므로 사물명사인 (D) work가 정답이다.

어휘 **be delighted to do** ~해서 기쁘다 **hear** ~을 듣다 **on display** 전시된, 진열된 **worker** 근로자 **work** v. 일하다 n. 작품, 일

3.
정답 (A)

해석 다른 사람들과 의사소통할 수 있는 능력뿐만 아니라, 무어 씨의 기획 능력 또한 주목할 만하다.

해설 빈칸이 전치사와 명사 목적어 사이에 있으므로 빈칸은 명사를

수식할 수 있는 소유격 인칭대명사 (A) his가 정답이다.

어휘 **in addition to** ~뿐만 아니라, ~ 외에도 **ability** 능력 **communicate with** ~와 의사소통하다 **skill** 능력, 기술 **planning** 기획 **remarkable** 주목할 만한

4.
정답 (A)

해석 레스토랑 구내에 조경 작업이 이뤄져 있어서, 대부분의 우리 손님들이 일반적으로 바깥의 테라스 구역에 앉는 것을 택한다.

해설 선택지의 동사들의 시제만 다르므로 먼저 시제 단서를 찾아야 한다. 빈칸 앞에 있는 typically는 현재시제 동사와 어울리는 부사이므로 현재시제 동사가 빈칸에 와야 하고, 주어가 복수이므로 복수 현재시제 동사 (A) choose가 정답이다.

어휘 **now that** (이제) ~이므로 **grounds** 부지, 구내 **landscape** 조경 작업을 하다 **diner** 식사 손님 **typically** 일반적으로, 보통 **choose** ~을 결정하다, 선택하다

5.
정답 (A)

해석 작업자들이 구내식당 개조 공사를 완료하는 동안 직원들은 점심 식사를 할 대체 장소를 찾아야 한다.

해설 접속사 뒤로 주어와 명사구가 있으므로 빈칸은 동사 자리이다. 빈칸 뒤의 명사구를 목적어로 취해야 하므로 능동태 (A) comeplete이 정답이다.

어휘 **alternative** 대체의, 대안의 **while** ~하는 동안, ~인 반면 **cafeteria** 구내식당 **renovation** 개조 (공사), 보수 (공사) **complete** ~을 완료하다

6.
정답 (C)

해석 혼잡 시간대에는 공항에 도착하는 데 있어 충분한 시간 여유를 갖도록 하시기 바랍니다.

해설 빈칸이 부정관사와 명사 amount 사이에 있으므로 빈칸은 명사를 수식할 형용사 자리이다. 따라서 (C) considerable이 정답이다.

어휘 **make sure** 반드시 ~하도록 하다 **give A B** A에게 B를 주다 **amount** 양 **arrive** 도착하다 **rush hour** (교통) 혼잡 시간대 **consideration** 고려, 숙고 **consider** ~을 고려하다, ~을 …라고 여기다 **considerably** 많이, 상당히

7.

정답 (C)

해석 행사 기획팀이 회사의 연례 연회를 위해 여러 장소를 검토했다.

해설 빈칸 앞뒤에 동사와 복수명사 목적어가 있으므로 복수 가산명사를 수식할 수 있는 (C) several이 정답이다.

어휘 planning 기획 consider ~을 고려하다 location 장소, 위치 annual 연례적인, 해마다의 banquet 연회 several 여럿의, 몇몇의

8.

정답 (B)

해석 저희 창고 직원들은 어떤 상품이든 손상시키는 것을 피하기 위해 정말로 세심하게 상품을 다룹니다.

해설 빈칸 뒤에 위치한 명사를 목적어로 취함과 동시에 to부정사로 쓰인 동사 avoid의 목적어 역할을 할 동명사가 빈칸에 필요하므로 (B) damaging이 정답이다.

어휘 warehouse 창고 treat ~을 다루다, 처리하다 merchandise 상품 with the utmost care 정말로 세심하게, 극도로 주의해서 avoid ~을 피하다 damage v. ~을 손상시키다 n. 손상, 피해

9.

정답 (A)

해석 행사가 널리 알려지지 않았다는 것을 감안하면, 축제의 참석률은 놀랍게도 높았다.

해설 빈칸 뒤에 형용사가 있으므로 빈칸은 형용사를 수식할 부사자리이다. 따라서 (A) surprisingly가 정답이다.

어휘 attendance 참석, 참석자 수 festival 축제 high 높은 given that ~을 감안할 때 widely publicized 널리 알려진 surprisingly 놀랍게도 surprised 놀란 surprise v. 놀라게 하다 n. 놀라움 surprising 놀라운

10.

정답 (C)

해석 작년의 재활용 계획은 대단한 성공이었는데, 회사 내 연간 쓰레기의 약 80퍼센트가 재활용되었기 때문이다.

해설 접속사 as와 빈칸 뒤로 숫자 표현이 포함된 주어와 동사가 있으므로 빈칸은 부사 자리이다. 따라서 숫자 표현을 수식할 수 있는 (C) approximately가 정답이다.

어휘 recycling 재활용 initiative 계획 success 성공 annual 연간의 waste 쓰레기 recycle ~을 재활용하다 approximate a. 근사치의 v. (수량 등이) ~와 거의 비슷하다 approximately 약, 대략 approximation 근사치

11.

정답 (A)

해석 엠파이어 스테이트 빌딩의 가이드 동반 투어에 관심 있으신 손님들께서는 오전 10시까지 로비에 모이셔야 합니다.

해설 선택지가 모두 관계대명사이므로 선행사와 빈칸 뒤 구조를 확인해야 한다. 빈칸 앞에 사람명사가 있고 빈칸 뒤로 동사가 있으므로 주격 관계대명사 (A) who가 정답이다.

어휘 guest 손님 be interested in ~에 관심이 있다 guided 가이드를 동반한 meet 만나다, 모이다

12.

정답 (C)

해석 비록 WJE 엔지니어링 사에서 20년 넘게 근무해 왔지만, 그 회사는 그레이브스 씨에게 한 번도 책임자 자리를 제안한 적이 없었다.

해설 선택지가 모두 부사절 접속사이므로 해석을 통해 의미상 알맞은 것을 찾아야 한다. '비록 20년 넘게 근무했지만, 한 번도 책임자 자리를 제안하지 않았다'와 같은 상반 관계가 되어야 자연스러우므로 (C) Although가 정답이다.

어휘 over ~ 넘게 offer A B A에게 B를 제안하다, 제공하다 leading 이끄는, 선도적인 role 역할 once 일단 ~하는 대로 although 비록 ~이기는 하지만 since ~하기 때문에, ~한 이후로

13.

정답 (D)

해석 직원 보상 프로그램을 시행함으로써, 우리는 사무실 분위기를 개선할 수 있을뿐만 아니라 생산성도 증대할 수 있다.

해설 빈칸 앞에 not only가 있으므로 이와 함께 상관접속사를 구성하는 (D) but이 정답이다.

어휘 by (방법) ~함으로써 implement ~을 시행하다

incentive 보상(책), 장려(책) not only A but also B
A뿐만 아니라 B도 improve ~을 개선하다 atmosphere
분위기 boost ~을 증대하다, 촉진하다 productivity
생산성 so that (목적) ~할 수 있도록 both (A and B)
(A와 B) 둘 모두

14.

정답 (C)

해석 전 세계에서 오는 수많은 클래식 음악가들이 제5회 연례 밴쿠
버 음악 축제 중에 공연할 것이다.

해설 빈칸 뒤에 명사가 있으므로 빈칸은 전치사 자리이며, Fifth
Annual Vancouver Music Festival은 기간 명사구이므로
(C) during이 정답이다.

어휘 numerous 수많은 perform 공연하다, 연주하다 among
~ 사이에서 between (A and B) (A 또는 B) 사이에
during ~ 중에 while ~하는 동안, ~인 반면

15.

정답 (D)

해석 트레드스톤 씨와 부동산 중개업자가 그 빈 건물을 보기 위해
존스 스트리트 452번지에서 만날 것이다.

해설 빈칸 뒤에 위치한 명사구는 주소를 나타내므로 하나의 지점
앞에 사용하는 전치사 (D) at이 정답이다.

어휘 real estate agent 부동산 중개업자 view ~을 보다
vacant 비어 있는 along (길 등) ~을 따라 under ~아래에
on ~위에 at ~에

16.

정답 (A)

해석 파머 웹 이노베이션 사는 IT 업계의 고객들을 위한 웹 사이트
를 개발한다.

해설 빈칸 뒤의 명사는 개발된 웹 사이트를 이용할 대상이므로
'~을 위해'라는 뜻인 (A) for가 정답이다.

어휘 create ~을 만들다 client 고객 field 업계, 분야 for ~을
위해 by ~에 의해, ~만큼 from ~로부터 besides ~ 외에

Part 6

17. (A)	18. (C)	19. (B)	20. (A)	21. (B)
22. (A)	23. (B)	24. (D)		

17-20.

안녕하세요,

저는 지난 한 해에 걸친 노고에 감사하기 위해 저희 직원들을 데리
고 여행을 떠날 계획을 세우고 있습니다. 제 동료 중 한 명이 직원
야유회 및 팀 빌딩 시간에 이상적인 장소로 파인 밸리 파크를 추천
해 주었기 때문에, 귀사에 예약하는 것을 고려하고 있습니다. **17**
하지만, 귀사 시설물의 적합성에 관해 몇 가지 우려 사항이 있습니
다.

가장 먼저, 대략 총 50명의 책임자와 직원들이 참가할 것이기 때문
에, 저희 단체를 **18** 수용하기에 충분한 객실들이 있는지 잘 모르
겠습니다. 또한, 발표 및 그룹 활동에 필요한 장내 방송 시스템과
스크린을 **19** 포함하는 대규모 모임 공간이 있는지도 확실히 해 두
고 싶습니다.

객실과 모임 장소에 관한 추가 상세 정보를 비롯해 파인 밸리 파크
에서 이용 가능한 야외 활동들을 담은 전체 목록도 제공해 주실 수
있다면 감사하겠습니다. **20** 여러 직원들이 하이킹 기회에 관해서
문의했습니다. 귀사에서 저희의 모든 필요 사항들을 충족해 주실
수 있다면, 기꺼이 즉시 예약하겠습니다.

안녕히 계십시오,

콜린 코넬, JKX 출판그룹

어휘 take A on a trip A를 데리고 여행을 떠나다 over ~ 동안에
걸친 colleague 동료 (직원) ideal 이상적인 destination
도착지 outing 야유회 consider ~하는 것을 고려하다
make a booking 예약하다 concern 우려 suitability
적합성 facility 시설(물) approximately 약, 대략
cabin 객실 make sure that ~인지 확실히 하다 public
address system 장내 방송 시스템 grateful 감사하는
provide ~을 제공하다 details 상세 정보 available
이용 가능한 assuming that ~한다면 meet (조건 등)
~을 충족하다 be happy to do 기꺼이 ~하다 make a
reservation 예약하다 immediately 즉시

17.

정답 (A)

해설 앞 문장에는 예약하는 것을 고려하고 있다는 긍정적인 말이
있고, 빈칸 뒤에는 우려 사항이 있다는 부정적인 말이 쓰여 있

다. 따라서 상반되는 내용을 말하는 흐름이므로 양보 접속부
사 (A) However가 정답이다.

어휘 **however** 하지만 **therefore** 따라서 **furthermore**
게다가, 더욱이 **similarly** 마찬가지로

18.

정답 (C)

해설 선택지가 모두 동사이므로 해석상 어울리는 동사를 찾아야 한
다. 빈칸 앞에 '충분한 객실이 있는지'라는 말이 쓰여 있고 빈
칸 뒤에는 '우리 단체'를 뜻하는 명사구가 쓰여 있다. '우리 단
체를 수용할 만큼 충분한 객실이 있는지'라는 뜻이 되어야 적
절하므로 '~을 수용하다'를 뜻하는 (C) accommodate이 정
답이다.

어휘 **compromise** ~을 타협하여 해결하다 **mediate** ~을
중재하다 **accommodate** ~을 수용하다 **gather** ~을
모으다

19.

정답 (B)

해설 선택지가 동사 include의 여러 형태로 구성되어 있고 명사구
a large meeting room 뒤로 that과 빈칸, 명사구, 전치사구
가 바로 이어져 있으므로 that이 관계대명사임을 알 수 있다.
따라서 빈칸은 that절의 동사 자리이며, 모임 공간이 지닌 일
반적인 특성을 나타내야 하므로 현재시제로 쓰여야 한다. 또한
that이 수식하는 명사가 단수이므로 단수동사 (B) includes
가 정답이다.

어휘 **include** ~을 포함하다

20.

정답 (A)

해석 **(A) 여러 직원들이 하이킹 기회에 관해서 문의했습니다.**
(B) 저희 직원들이 귀사의 지역 투어를 특히 즐거워했습니다.
(C) 따라서, 귀사의 객실들 중 최소 20개를 예약하고자 합니
다.
(D) 저희 예약에 단체 할인을 적용해 주셔서 감사 드립니다.

해설 바로 앞 문장에 이용 가능한 야외 활동에 관한 세부 정보도 제
공해 달라는 말이 있으므로 여러 직원들이 하이킹 기회에 관
해 문의했음을 언급하는 (A)가 정답이다.

어휘 **inquire about** ~에 관해 문의하다 **opportunity** 기회

particularly 특히 **as such** 따라서 **reserve** ~을
예약하다 **at least** 최소한 **apply** ~을 적용하다 **booking**
예약

21-24.

포틀랜드 데일리 뉴스

포틀랜드 (6월 5일) – 최근의 설문조사에 따르면, 포틀랜드 시내
의 하프 스트리트를 보행자 전용 도로로 만들겠다는 시의회의 계획
이 지역 주민들의 압도적으로 **21** 부정적인 반응에 직면했습니다.

약 85퍼센트의 설문조사 응답자들은 그곳이 개인 차량을 이용하는
통근자들에게 중요한 경로라는 점을 특별히 언급하면서 그 아이디
어를 비난했습니다. 이 도로는 쇼핑 및 외식 구역으로서의 매력을
증대하기 위한 노력의 일환으로 8월에 모든 차량을 대상으로 **22**
폐쇄될 것입니다.

23 현재, 하프 스트리트는 도시를 동쪽에서 서쪽 방향으로 또는
그 반대로 가로질러 이동해야 하는 사람들에게 중요한 통근 경로
의 역할을 하고 있으며, 또한 시내버스 노선에 있어서도 중요한 역
할을 하고 있습니다. **24** 따라서, 많은 사람들이 대체 이동 수단을
마련해야 할 것입니다.

어휘 **according to** ~에 따르면 **recent** 최근의 **survey** 설문
조사(지) **council** 시의회 **plan to do** ~하려는 계획
pedestrianize ~을 보행자 전용 도로로 만들다 **be
met with** ~에 직면하다 **overwhelmingly** 압도적으로
response 반응 **approximately** 약, 대략 **respondent**
응답자 **criticize** ~을 비난하다 **note that** ~임을 특별히
언급하다 **route** 경로, 노선 **commuter** 통근자 **boost** ~을
증대하다 **attractiveness** 매력 **serve as** ~의 역할을 하다
cross ~을 가로지르다 **vice versa** (앞서 언급된 것에 대해)
그 반대로 **play a significant role in** ~에 있어 중요한
역할을 하다

21.

정답 (B)

해설 선택지가 모두 형용사이므로 해석상 알맞은 것을 찾아야 한
다. 빈칸 뒤의 '반응'이라는 명사를 수식해 지역 주민들이 보인
반응의 특성을 나타내야 하는데 다음 문장을 보면 85퍼센트
의 설문조사 응답자들이 비난했다는 말이 있으므로 좋지 못한
반응을 보였다는 것을 알 수 있다. 따라서 '부정적인'을 뜻하는
(B) negative가 정답이다.

어휘 **contented** 만족하는 **negative** 부정적인 **favorable**

호의적인 faulty 결함이 있는

22.

정답 (A)

해설 선택지에서 동사의 시제만 다르므로 시점 관련 단서를 찾아야 한다. 빈칸 뒤에 8월이 언급되어 있는데, 이는 지문 상단의 기사 작성 시점인 6월보다 미래이다. 따라서 (A) will be closed가 정답이다.

어휘 close ~을 폐쇄하다, 문을 닫다

23.

정답 (B)

해설 빈칸 뒤에 쓰인 동사가 현재시제이므로 하프 스트리트가 현재 어떤 역할을 하고 있는지 알려주는 문장이다. 따라서 현재시제 동사와 어울리는 (B) Currently가 정답이다.

어휘 gradually 점차적으로 currently 현재 eventually 결국 fortunately 다행히

24.

정답 (D)

해석 (A) 포틀랜드 주민들은 요금이 적절한 시의 대중 교통을 자랑스러워 하고 있습니다.
(B) 시의회가 교통 혼잡을 줄이기 위해 그 도로를 넓히는 것을 목표로 삼고 있습니다.
(C) 예를 들어, 그 경로는 다른 도시에서 근무하는 사람들에게 유용할 것입니다.
(D) 따라서, 많은 사람들이 대체 이동 수단을 마련해야 할 것입니다.

해설 빈칸 바로 앞에 하프 스트리트가 통근과 시내버스 노선에 중요한 역할을 한다고 설명하므로 이 도로가 폐쇄될 때 사람들이 해야 하는 일, 즉 대체 이동 수단을 마련해야 한다는 점을 언급한 (D)가 정답이다.

어휘 be proud of ~을 자랑스러워 하다 affordable 가격이 적정한 public transportation 대중 교통 aim ~을 목표로 삼다 widen ~을 넓히다, 확장하다 reduce ~을 줄이다 traffic congestion 교통 혼잡 as such 따라서 make an arrangement 마련하다, 조치하다 alternative 대안의

Day 04 Part 5, 6 실전 연습

Part 5

1. (C)	**2.** (B)	**3.** (C)	**4.** (A)	**5.** (C)
6. (B)	**7.** (B)	**8.** (D)	**9.** (C)	**10.** (B)
11. (A)	**12.** (C)	**13.** (A)	**14.** (B)	**15.** (C)
16. (D)				

1.

정답 (C)

해석 두 달 동안의 개조 공사 후에, 스태포드 공원이 일반 대중에게 다시 개방되었다.

해설 빈칸 앞에 전치사가 있으므로 빈칸은 전치사의 목적어 역할을 할 명사 자리이다. 따라서 (C) renovation이 정답이다.

어휘 reopen ~을 다시 개방하다 the public 일반 대중 renovative 혁신하는 renovate ~을 개조하다 renovation 개조 (공사)

2.

정답 (B)

해석 우리는 최근의 소프트웨어 업그레이드와 관련해 많은 불만을 접수했습니다.

해설 빈칸 앞에 위치한 복수 수량형용사 a number of가 있으므로 빈칸에는 복수 가산명사가 와야 한다. 따라서 (B) complaints가 정답이다.

어휘 receive ~을 접수하다 a number of 많은 (수의) recent 최근의 complaint 불만, 불평 complain 불만을 제기하다

3.

정답 (C)

해석 카이트 씨를 찾고 계신다면, 회계부 사무실에서 찾으실 수 있습니다.

해설 빈칸이 타동사와 전치사구 사이에 있으므로 빈칸은 동사의 목적어 자리이다. 또한, 빈칸 앞에 위치한 Ms. Kite를 지칭해야 하므로 목적격 인칭대명사 (C) her가 정답이다.

어휘 look for ~을 찾다 find ~을 찾아내다 accounting 회계

4.
정답 (A)

해석 윌시 씨가 데넘 스트리트에 있는 주택에 관심을 계속 갖고 있기는 하지만, 그것을 구매하기를 주저하는 것 같다.

해설 빈칸 뒤에 형용사가 쓰여 있기 때문에 형용사를 보어로 취하는 2형식 동사가 필요하므로 (A) seems가 정답이다.

어휘 although 비록 ~이기는 하지만 be interested in ~에 관심이 있다 hesitant 주저하는 seem ~한 것 같다 meet ~을 만나다 apply 신청하다, ~을 적용하다 go 가다

5.
정답 (C)

해석 에디슨 초프라 교수는 유전 공학 분야의 선도적인 과학자들에 의해 매우 존경 받고 있다.

해설 빈칸 앞에 부사가 있으므로 빈칸은 부사의 수식을 받을 수 있는 분사 자리이다. 빈칸 뒤에 목적어 없이 전치사구만 있으므로 과거분사 (C) regarded가 정답이다.

어휘 highly 매우 leading 선도적인 field 분야 genetic engineering 유전 공학 regard n. 관련, 존경 v. ~을 존경하다, (높이) 평가하다 regarding ~와 관련해 regarded 존경 받는

6.
정답 (B)

해석 대부분의 고객들이 우리 매장을 방문하기에 앞서 온라인으로 우리의 최신 제품 안내 책자를 훑어보는 것이 유익하다고 생각한다.

해설 빈칸이 5형식 타동사 find와 목적어 it 뒤에 위치해 있으므로 빈칸은 목적보어 자리이다. 보어 자리에는 명사와 형용사가 쓰일 수 있는데, 명사가 쓰일 경우 목적어와 동격을 이뤄야 하므로 형용사 (B) beneficial이 정답이다.

어휘 customer 고객 find ~라고 생각하다 browse ~을 훑어보다 latest 최신의 brochure 안내 책자 benefit n. 혜택, 이득 v. 이득을 얻다 beneficial 유익한 beneficially 유익하게

7.
정답 (B)

해석 새로운 기기는 기존의 것들과 유사하기 때문에 쉽게 작동될 수 있다.

해설 선택지가 모두 다른 형용사로 구성되어 있고, 빈칸 앞뒤에 be 동사와 전치사 to가 있으므로 이 둘과 결합하여 '~와 유사하다'라는 뜻을 가지는 (B) similar가 정답이다.

어휘 device 기기 operate ~을 작동하다, 가동하다 easily 쉽게 because ~때문에 be similar to ~와 유사하다 existing 기존의 useful 유용한 skilled 능숙한 willing 의지가 있는

8.
정답 (D)

해석 블루 패브릭 사는 면, 비단, 가죽, 그리고 양모 같이 저렴하게 가격이 책정된 직물을 생산한다.

해설 빈칸이 동사와 분사 사이에 위치해 있으므로 빈칸은 분사를 수식할 부사 자리이다. 따라서 (D) reasonably가 정답이다.

어휘 produce ~을 생산하다 priced 가격이 책정된 textile 직물, 섬유 such as ~와 같은 reason n. 이유 v. ~라고 판단하다 reasonable 저렴한, 합리적인 reasonably 저렴하게, 합리적으로

9.
정답 (C)

해석 더 많은 음료를 팔기 위해, 슈퍼마켓 매니저는 계산대 근처에 전략적으로 그것들을 배치했다.

해설 빈칸 앞에 주어와 동사, 목적어가 있고, 빈칸 뒤에 전치사구가 있으므로 빈칸은 부사 자리이다. 따라서 (C) strategically가 정답이다.

어휘 in order to ~하기 위해 sell ~을 팔다 beverage 음료 place ~을 놓다, 배치하다 near ~근처에 cash register 계산대 strategy 전략 strategic 전략적인 strategically 전략적으로

10.
정답 (B)

해석 우리의 주가가 우리 헤드폰 브랜드의 이미지를 개선하기 위한

노력에도 불구하고 지속적으로 하락하고 있다.

해설 선택지가 모두 명사로 구성되어 있고 빈칸 뒤에 to부정사가 있으므로 to부정사의 수식을 받을 수 있는 (B) efforts가 정답이다.

어휘 value 가치 stock 주식 continually 지속적으로 decrease 하락하다 in spite of ~에도 불구하고 improve ~을 개선하다 issue 문제, 사안 effort 노력 opinion 의견 response 대응, 반응

11.

정답 (A)

해석 존슨 씨가 작년에 설치된 제조 기계들을 점검하기 위해 어제 공장을 방문했다.

해설 빈칸 앞에 완전한 절이 있고, 빈칸 뒤에 주어 없이 동사로 시작되는 불완전한 절이 있으므로 빈칸은 관계사 자리이다. 빈칸 앞에 사물명사가 있으므로 주격 관계대명사 (A) that이 정답이다.

어휘 visit ~을 방문하다 inspect ~을 점검하다 manufacturing 제조 install ~을 설치하다

12.

정답 (C)

해석 유효한 영수증이 없다면, 저희가 고객들에게 환불을 제공해 드릴 수 없지만, 반품된 제품을 교환해 드리겠다고 제안할 수 있습니다.

해설 빈칸 앞뒤로 주어와 동사가 포함된 절이 하나씩 있으므로 빈칸은 접속사 자리이다. '환불은 해 줄 수는 없지만, 교환해 줄 수는 있다'와 의미가 되어야 자연스러우므로 '하지만, 그러나' 등을 뜻하는 등위접속사 (C) but이 정답이다.

어휘 without ~ 없이 valid 유효한 receipt 영수증 provide A with B A에게 B를 제공하다 refund 환불 offer ~을 제안하다 exchange ~을 교환하다 returned 반품된, 반납된 or 또는 and 그리고 but 하지만, 그러나 as ~하면서, ~때문에

13.

정답 (A)

해석 저희 요가 강좌들 중 하나에 등록하시면 무료 매트와 수건을 드릴 것입니다.

해설 빈칸 앞뒤로 주어와 동사가 포함된 절이 하나씩 있으므로 빈칸은 접속사 자리이다. '등록하면, 무료 선물이 포함된다'와 같은 의미가 되어야 자연스러우므로 조건 부사절 접속사인 (A) if가 정답이다.

어휘 complimentary 무로의 include ~을 포함하다 sign up for ~에 등록하다, ~을 신청하다 if ~한다면 with ~와 함께 but 하지만 either 둘 중 하나

14.

정답 (B)

해석 MJD 푸드 인터내셔널이 자사의 인기 있는 냉동 피자 제품군을 확장할 것이라고 오늘 아침에 발표했다.

해설 타동사 뒤로 부사와 빈칸이 있고, 그 뒤로 주어와 동사가 포함된 절이 이어져 있다. 따라서 이 절이 동사의 목적어 역할을 하는 명사절이 되어야 하므로 명사절 접속사 (B) that이 정답이다.

어휘 announce ~을 발표하다 expand ~을 확대하다 range 제품군, 종류 because ~때문에 while ~인 반면, ~하는 동안

15.

정답 (C)

해석 퍼시픽 텔레콤 사의 모든 서비스에 대한 비용 지불은 보통 매달 20일이 기한이다.

해설 빈칸 뒤의 명사구는 날짜를 나타내므로 날짜 앞에 사용하는 시간 전치사 (C) on이 정답이다.

어휘 payment 지불(금) normally 보통, 일반적으로 due + 날짜 ~가 기한인 in ~에 at ~에 on ~에 with ~와 함께

16.

정답 (D)

해석 다음 달부터, 오직 허가증이 있는 사람들만 노스 베이 주차장을 이용하도록 허용될 것입니다.

해설 빈칸 앞의 those는 '~하는 사람들'이라는 뜻이며, 빈칸 뒤에 '허가증'이라는 명사가 있다. 따라서 '허가증을 가진 사람들'이라는 뜻이 되어야 알맞으므로 '~을 가진'의 의미를 나타내는 동반 전치사 (D) with가 정답이다.

어휘 starting ~부터 those ~하는 사람들 permit 허가증 be

allowed to do ~하도록 허용되다 **parking lot** 주차장
toward ~ 쪽으로 **for** ~을 위해 **of** ~의 **with** ~을 가진

Part 6

17. (D)	**18.** (D)	**19.** (C)	**20.** (B)	**21.** (D)
22. (A)	**23.** (C)	**24.** (A)		

17-20.

헨더슨 씨께,

17 저희 회사의 일자리를 귀하께 제안해 드리게 되어 기쁩니다. 귀하께서는 매년 63,000달러를 기본 급여로 **18** 받으실 것이며, 이는 귀하의 업무 능력 평가 결과를 바탕으로 해마다 인상될 수 있습니다. 저희 바이오킹 주식회사에서의 귀하의 첫 근무일은 10월 23일 월요일로 잠정적으로 정해졌습니다. 하지만, 그날 근무를 시작하지 **19** 못하게 하는 어떠한 일정상의 충돌이라도 있으실 경우에 재조정될 수 있습니다.

이번 주 후반에, 면접 중에 만나셨던 피터 패러데이 씨께서 저희 바이오킹 내에서 **20** 귀하의 역할 및 직무와 관련된 상세 정보를 담은 안내 책자 묶음을 보내 드릴 것입니다. 첫 근무일 이전에 이것을 살펴보시기 바라며, 어떤 문의 사항이든 있으시면, 저에게 555-0139번으로 연락 주시기 바랍니다.

안녕히 계십시오.

바바라 스테이플스, 인사부장

바이오킹 주식회사

어휘 **salary** 급여 **increase** 인상되다 **annually** 해마다
based on ~을 바탕으로 **outcome** 결과 **performance** 업무 수행 능력 **review** n.평가 v. ~을 살펴보다 **tentatively** 잠정적으로 **be set for** + 날짜 ~로 정해지다 **rearrange** ~을 재조정하다 **schedule conflict** 일정상의 충돌 **information pack** 안내 책자 묶음 **contain** ~을 포함하다 **detailed** 상세한 **regarding** ~와 관련된 **role** 역할 **responsibility** 책임 **prior to** ~에 앞서 **contact** ~에게 연락하다 **query** 문의 (사항)

17.

정답 (D)

해석 (A) 면접을 위해 찾아와 주실 수 있다면 감사할 것입니다.

(B) 안타깝게도, 저희가 현재 신입 직원을 고용하고 있지 않습니다.

(C) 관리직으로의 최근 승진에 대해 축하 드립니다.

(D) 저희 회사의 일자리를 귀하께 제안해 드리게 되어 기쁩니다.

해설 빈칸 뒤에 이어지는 내용을 보면, 상대방이 받는 급여 및 첫 근무 시작 시점 등과 관련된 정보가 제공되고 있다. 이는 새로 입사하는 직원에게 할 수 있는 말이므로 입사가 확정된 직원에게 할 수 있는 인사말에 해당되는 (D)가 정답이다.

어휘 **grateful** 감사하는 **come in for** ~하러 오다 **unfortunately** 안타깝게도, 아쉽게도 **currently** 현재 **hire** ~을 고용하다 **Congratulations on** ~에 대해 축하 드립니다 **recent** 최근의 **promotion** 승진 **management** 관리(직), 경영(진) **offer A B** A에게 B를 제안하다, 제공하다 **firm** 회사, 업체

18.

정답 (D)

해설 우선, 주어 You 뒤로 빈칸이 있고 그 뒤에 명사구 및 which절이 있으므로 빈칸은 주절의 동사 자리임을 알 수 있다. 또한 입사가 확정된 직원의 첫 근무가 아직 시작되지 않았으므로 빈칸 뒤에 쓰여 있는 급여를 받는 것도 미래의 일이어야 한다. 따라서 미래시제 동사 (D) will receive가 정답이다.

어휘 **receive** ~을 받다

19.

정답 (C)

해설 선택지가 모두 동사의 현재분사형 또는 동명사이므로 문장의 구조 또는 의미에 적절한 것을 찾아야 한다. 빈칸 다음을 보면 「목적어 + from -ing」 구조가 이어져 있는데, 이는 동사 prevent와 함께 '~가 …하는 것을 막다, 방해하다' 등을 의미할 때 사용하므로 (C) preventing이 정답이다.

어휘 **oppose** ~을 반대하다 **recommend** ~을 추천하다, 권하다 **prevent (A from -ing)** (A가 ~하는 것을) 막다, 방해하다 **finalize** ~을 최종 확정하다

20.

정답 (B)

해설 우선 전치사 regarding과 명사 목적어 사이에 위치한 빈칸은

명사를 수식할 수 있는 소유격 대명사 자리이다. 또한 빈칸 앞을 보면, 상대방(you)에게 상세 정보를 담은 책자 묶음을 보내줄 거라는 말이 쓰여 있다. 따라서 빈칸 뒤에 위치한 role and responsibilities는 상대방의 역할과 직무를 의미하는 것이어야 자연스러우므로 (B) your가 정답이다.

21-24.

코즈믹 디멘션즈 – 희귀 만화책 판매 업체

희귀 만화책 구입하기

저희 코즈믹 디멘션즈에서는, 모든 재고를 반드시 적절하게 보관하고 취급함으로써 완벽한 상태로 유지합니다. 일부 더 오래되고 희귀한 만화책들은 다소 망가지기 쉬우며, 그로 인해 손상에 취약합니다. **21** 따라서, 구매하시는 어떤 만화책이든 몇몇 간단한 가이드라인을 따라함으로써 관리하는 일은 여러분이 직접 하시기 바랍니다. 저희의 모든 만화책은 밀봉된 비닐 가방에 담긴 채로 나오며, 이용하지 않으실 때는 항상 이 가방 안에 **22** 보관되어야 합니다. 또한, 우연한 찢김이나 구겨짐을 피하기 위해 만화책을 읽으실 때 조심스럽게 다루셔야 합니다. **23** 이런 일들은 페이지를 너무 빨리 넘기시거나 너무 꽉 붙잡으실 때 발생될 수 있습니다. **24** 이 조언이 여러분의 만화책 상태를 보존하는 데 도움이 될 것입니다. 하지만, 수선 또는 복원과 관련된 정보가 필요하실 경우, 555-2828번을 통해 저희 직원들 중 한 명과 이야기하시기 바랍니다.

어휘 **rare** 희귀한 **keep A in perfect condition** A를 완벽한 상태로 유지하다 **stock** 재고(품) **ensure (that)** 반드시 ~하도록 하다 **store** ~을 보관하다 **handle** ~을 취급하다 **properly** 적절히 **rather** 다소, 좀 **fragile** 망가지기 쉬운 **as such** 그로 인해 **be susceptible to** ~에 취약하다 **damage** 손상 **up to** ~에게 달려 있는 **take care of** ~을 관리하다 **sealed** 밀봉된 **at all times** 항상 **gentle** 조심스러운 **avoid** ~을 피하다 **accidental** 우연한 **tear** 찢김 **wrinkle** 구겨짐 **occur** 발생되다 **turn a page** 페이지를 넘기다 **grip** ~을 붙잡다 **firmly** 꽉, 단단히 **require** ~을 필요로 하다 **repair** 수선 **restoration** 복원

21.

정답 (D)

해설 선택지가 모두 접속부사이므로 앞뒤 문장을 확인해 의미의 흐름을 파악해야 한다. 앞 문장에는 망가지기 쉽고 손상에 취약

하다는 말이, 뒤에 위치한 문장에는 구매자에게 잘 관리할 책임이 있음을 알리는 말이 쓰여 있다. 이는 '취약한 특성'이라는 원인에 따른 '관리 책임'이라는 결과를 말하는 것이므로 '따라서, 그러므로' 등의 의미로 인과를 나타내는 접속부사 (D) Therefore가 정답이다.

어휘 **otherwise** 그렇지 않으면 **for instance** 예를 들어 **similarly** 마찬가지로 **therefore** 따라서

22.

정답 (A)

해설 선택지가 모두 동사이므로 문장의 구조 및 의미를 확인해 알맞은 것을 골라야 한다. 조동사와 전치사구 사이는 자동사 자리이며, 주어 they가 지칭하는 만화책들이 이용되지 않을 때 계속 보관되는 곳을 나타내는 의미가 되어야 하므로 '유지되다, 남아 있다' 등을 뜻하는 (A) remain이 정답이다.

어휘 **remain** (~한 상태로) 유지되다, 남아 있다 **place** ~을 놓다, 두다 **look** 보다 **hold** ~을 붙잡다, 보유하다

23.

정답 (C)

해설 바로 뒤에 조동사와 동사가 있으므로 주어 역할이 가능한 대명사를 골라야 한다. 또한 동사 occur를 통해 발생 가능성을 말하는 것을 볼 때, 빈칸 바로 앞에 언급된 두 가지 부정적인 일을 지칭할 대명사가 필요하다는 것을 알 수 있으므로 이 역할이 가능한 복수 지시대명사 (C) These가 정답이다.

어휘 **either (A or B)** (A 또는 B) 둘 중의 하나

24.

정답 (A)

해석 (A) 이 조언이 여러분의 만화책 상태를 보존하는 데 도움이 될 것입니다.
(B) 저희는 그 제품들이 귀하게 만족스럽지 못했다는 점에 대해 사과드립니다.
(C) 모든 제품은 영업일로 2일 이내에 특별 포장되어 배송됩니다.
(D) 귀하께서 문의하신 만화책은 현재 재고가 없는 상태입니다.

해설 빈칸에 앞서 지문 전체적으로 만화책 관리 방법을 간략히 설명하고 있으므로 이를 '조언'이라는 말로 대신해 이 글을 읽는

구매자에게 도움을 줄 것이라고 말하는 (A)가 정답이다.

어휘 help A do ~하는 데 A에게 도움이 되다 preserve ~을 보존하다 apologize that ~라는 점에 대해 사과하다 to one's satisfaction ~에게 만족스러운 ship ~을 배송하다 packaging 포장(재) inquire about ~에 관해 문의하다 currently 현재 out of stock 재고가 없는

Day 05 Part 7 실전 연습

Part 7

1. (C)	2. (B)	3. (A)	4. (B)	5. (B)
6. (A)				

1-3.

고용 관리 책임자께,

1 글로벌 트랜짓 사의 웹사이트에 게시된 영업이사 직책과 관련해 검토해 보실 수 있도록 첨부해 드린 제 이력서를 확인해 보시기 바랍니다. 저는 소비자 직접 영업 영역에 폭넓은 경험을 지니고 있으며, 현재 새로운 취업 기회를 찾고 있습니다. 저는 특히 귀사에 관심이 있는데, 제가 최근 글로벌 트랜짓 사가 아주 많은 사업을 하고 있는 지역으로 이사했기 때문입니다.

이전의 영업직에서, 저는 기존의 시장을 확장하고 새로운 시장에서 사람들과 접촉함으로써 영업 수익을 늘렸습니다. **2** 저는 4년 연속으로 최고의 영업사원 상을 받았으며, 매우 성공적인 영업 설명서를 만든 것에 대해 혁신가 상도 받았습니다.

3 첨부해 드린 것에서 연락처가 포함된 여러 추천서와 함께 제 상세 근무 경력을 확인해 보실 수 있습니다. 광고된 직책에 대해 저를 고려해 주시기를 바랍니다.

안녕히 계십시오.

마이클 윌슨

어휘 résumé 이력서 attach ~을 첨부하다 review 검토 in regard to ~와 관련해 executive 이사 position 직책 post ~을 게시하다 extensive 폭넓은 direct consumer sales 소비자 직접 영업 currently 현재 look for ~을 찾다 career opportunity 취업 기회 particularly 특히 be interested in ~에 관심이 있다 recently 최근에 conduct ~을 수행하다 a great deal of 아주 많은 previous 이전의 increase ~을 늘리다 revenue 수익 expand ~을 확장하다 existing 기존의 make a contact 접촉하다 create ~을 만들다 highly 매우 manual 설명서 detailed 상세한 a letter of reference 추천서 consider ~을 고려하다 advertised 광고된

1. 편지의 목적은 무엇인가?

(A) 공석을 알리기 위해

(B) 더 많은 정보를 요청하기 위해

(C) 한 일자리에 대한 관심을 나타내기 위해

(D) 한 직원을 기리기 위해

정답 (C)

해설 첫 단락 시작 부분에 글로벌 트랜짓 사의 영업이사 직책과 관련해 검토할 수 있도록 첨부한 이력서를 확인해 달라고 요청하는 말이 있다. 이는 그 자리에 대한 관심을 보임으로써 자신을 채용 대상자로 고려하도록 요청하는 것이므로 (C)가 정답이다.

어휘 announce ~을 알리다 job opening 공석 request ~을 요청하다 express (의견, 감정 등) ~을 나타내다 interest in ~에 대한 관심 honor ~을 기리다

2. 윌슨 씨에 관해 사실인 것은 무엇인가?

(A) 글로벌 트랜짓 사에서 일한다.

(B) 수상자이다.

(C) 광고 분야에서의 경험이 있다.

(D) 새로운 회사를 차렸다.

정답 (B)

해설 두 번째 단락에 4년 연속 최고의 영업사원 상과 매우 성공적인 영업 설명서를 만든 것에 대해 혁신가 상도 받았다는 말이 있으므로 (B)가 정답이다.

어휘 award recipient 수상자 advertising 광고 (활동) experience 경험

3. 편지에 동봉된 것은 무엇인가?

(A) 추천서

(B) 대학 성적 증명서

(C) 고객 명단

(D) 명함

정답 (A)

해설 질문에 포함된 enclosed와 동의어인 Attached로 시작되는 마지막 단락에 여러 추천서가 함께 동봉되었음을 알리고 있으므로 (A)가 정답이다.

어휘 enclosed 동봉된 recommendation letter 추천서

transcript 성적 증명서

4-6.

수신자: 마허 주식회사 전 직원

제목: 새로운 사원증

날짜: 9월 19일

4 최근 새로운 사원증과 관련하여 많은 추측이 있어 여러분들께 공식적으로 정확히 설명해 드리도록 하겠습니다. 우선 10월 1일부터, 모든 사원들은 사내 어디에서든 사원증을 가지고 다녀야 합니다. 야간 근무를 하는 관리인부터 회사 최고 경영자이신 마틴 이스턴까지 모두 해당됩니다. 모든 사원증은 직원들의 목에 착용되어 항상 잘 보일 수 있도록 해야 합니다.

이 새로운 사원증은 최신 기술을 사용하여 간단하게 신원 확인을 할 수 있습니다. **5** 각 카드가 사원의 이름, 생년월일, 직책, 출입이 허가된 구역 등의 관련 정보를 컴퓨터로 저장합니다.

많은 구역에 출입하기 위해서 사원들은 이 카드를 이용해야 할 것입니다. 사내 출입문에 스캐너들이 배치될 것입니다. 또 건물의 모든 출입구에도 스캐너가 배치될 것입니다. 연구실이나 컴퓨터실과 같이 주의가 요구되는 장소에도 스캐너가 들어설 예정입니다. 사원들은 스캐너에 카드를 댄 후에 지문과 홍채 인식을 통해 신원 확인을 받게 될 것입니다. 신원이 확인되면 출입이 **6** 허가될 것입니다.

모든 사원들은 이미 지문 채취와 홍채 인식을 끝내셨어야 합니다. 만약이 두 가지 중 한가지 절차라도 빠트리신 분은 가능한 한 빨리 104B호 경비실을 방문하시기 바랍니다.

제이크 노만

인사부 부장

마허 주식회사

어휘 speculation 추측 go on the record 공식적으로 표명하다 janitor (건물) 관리인 nightshift 야간근무 wear ~을 착용하다 state-of-the-art 최신의 identification 신원 확인 electronically 컴퓨터로 relevant 관련된 fingerprint 지문 gain access to ~에 접근하다 laboratory 연구실 confirm ~을 확인하다 authorize ~을 허가하다 security office 경비실

4. 노만 씨가 회람을 작성한 이유는?

(A) 사원증이 필요 없다는 불평을 처리하기 위해

(B) 사원들에게 새로운 사원증에 대해 설명하기 위해

    (C) 모든 사원들이 사원증을 착용해야 한다고 주장하기 위해

    (D) 사원들에게 사원증에 쓸 사진을 제출하라고 요청하기 위해

정답 (B)

해설 회람 상단의 New ID cards와 본문 첫 단락을 통해서 회사 직원들에게 새로운 신분증에 대해 소개하고 알리기 위한 글임을 알 수 있다. 따라서 (B)가 정답이다.

어휘 **address** ~을 처리하다 **complaint** 불만 **unnecessary** 불필요한 **insist that** ~라고 주장하다 **request** ~을 요청하다

5. 사원증에 포함되지 않는 정보는?

    (A) 이름

    (B) 집주소

    (C) 직업

    (D) 생일

정답 (B)

해설 두 번째 단락에 이름, 생년월일, 직책, 출입이 허가된 구역 등의 관련 정보를 컴퓨터로 저장한다는 언급을 통해서 (A), (C), (D)는 모두 언급이 되었으나, 집주소에 대한 내용은 없으므로 (B)가 정답이다.

어휘 **contain** ~을 포함하다 **address** 주소

6. 세 번째 단락 여섯 번째 줄에 있는 "authorized"와 의미상 가장 가까운 것은?

    (A) 주어지는

    (B) 존경받는

    (C) 제공되는

    (D) 접근되는

정답 (A)

해설 authorized는 '허가된'의 뜻이므로 문맥상 '출입 허가가 날 것이다'의 의미를 가진다. 따라서 '주어지는'이라는 의미를 가진 (A)가 정답이다.